Robin Flower · DIE WESTLICHE INSEL

ROBIN FLOWER

DIE WESTLICHE INSEL

Aus dem Englischen übertragen
sowie mit Anmerkungen und
einem Nachwort versehen
von Jörn Wilhelm

Originaltitel: »The Western Island or The Great Blasket« (Oxford 1945)
Ins Deutsche übertragen von Jörn Wilhelm.

Bibliografische Information der Deutschen Bibliothek:
Die Deutsche Bibliothek verzeichnet diese Publikation in der
Deutschen Nationalbibliografie; detaillierte bibliografische
Daten sind im Internet unter http://dnb.ddb.de/ abrufbar.

Satz, Gestaltung, Umschlag: Gerhard P. Peringer, Hamburg
unter Verwendung eines Fotos von Roger Hagmann, Blankenhain
Herstellung und Verlag: BoD – Books on Demand, Norderstedt
Gedruckt auf chlor- und säurefreiem Papier.
Printed in Germany.

ISBN: 978-3-7460-8198-4
© 2018 beim Herausgeber.

Inhalt

Vorwort

Dieses Buch gibt Rechenschaft über meine Erfahrungen während einer Reihe von periodischen Urlaubsbesuchen auf Great Blasket, im Zeitraum von ungefähr 20 Jahren. Zum ersten Male fuhr ich 1910 auf die Insel und meine Frau begleitete mich dann im darauf folgenden Jahr, als sie die Radierungen zeichnete, die als Illustrationen in diesem Buch reproduziert wurden. Der Text wurde zu verschiedenen Zeiten verfasst im Laufe der zwanzig Jahre, die folgten. Er war veranlasst durch eine Serie von Vorlesungen über irische Literatur, die 1935 am Lowell-Institut abgehalten wurden. Ich sollte hier die Gelegenheit ergreifen (allerdings zu spät!) dem verstorbenen Laurence Lowell Dank abzustatten für die Einladung zu diesen Vorlesungen und für seine Freundlichkeit mir und meiner Tochter gegenüber, während wir in Boston waren. Die dazwischen eingestreuten Gedichte wurden zur selben Zeit wie das Buch geschrieben und sind somit Ergebnis derselben Erfahrung. Sie wurden zuerst bei Constable in meinem Buch »*Poems and Translations*« im Jahre 1931 veröffentlicht und ich danke für die Erlaubnis, sie in ihrer Originalfassung reproduzieren zu dürfen.

Für jeden Leser muss es sofort einsichtig sein, wie sehr ich den drei Insulanern verpflichtet bin – *Tomás Ó Crithin*, *Peig Sayers* und *Gobnait Ní Chinéide*. Die ersten beiden sind dem irischsprachigen Leser schon wohlbekannt. Die Autobiografie des *Tomás*, »*An t-Oileánach*«, wurde 1929 veröffentlicht und von mir aus dem irischen Original ins Englische übersetzt unter dem Titel »*The Island-*

man« im Jahre 1934. Peigs Buch »*Peig a sgéal féin*«, »*Peig, her own story*«, kam 1936 auf Irisch heraus und erfuhr sofortigen Erfolg. Es wurde nicht ins Englische übersetzt. Aber zusätzlich zu diesen dreien gilt meine Dankbarkeit allen Bewohnern der Insel zum Zeitpunkt meiner Besuche. Die Bevölkerungszahl betrug damals etwas mehr als 150 Seelen, nun allerdings sind es durch Emigration aufs Festland bedeutend weniger, so dass das Leben auf der Insel, so wie ich es noch kannte, bedroht ist.[1] An einem meiner Besuche nach einem langen Zeitraum erinnere ich mich, wie am Abend meiner Wiederkehr zahlreiche Freunde in einem Haus zusammenkamen, um mich willkommen zu heißen. Im Laufe unseres Gesprächs begannen wir, die Toten seit meinem letzten Besuch aufzuzählen. Das Gespräch nahm unvermeidlich die Form eines Vortrags aus dem reichen Schatz von Sprichwörtern an, die sich innerhalb der Volkskultur angehäuft hatten, über die Notwendigkeit des Todes und die Tröstungen des religiösen Glaubens. Nach und nach, fast als rezitiere man eine Liturgie, produzierten die Männer und Frauen ihren Beitrag aus dem offensichtlich unerschöpflichen Vorrat. Zuletzt allerdings fiel Schweigen über sie, als sie auf frische Eingebungen warteten. Plötzlich lehnte sich eine alte Frau aus der Ecke hervor und sagte mit dem Anflug von Endgültigkeit:

---

1 Es blieb nicht bei der Bedrohung: Am 17.November 1953 – bald acht Jahre nach Flowers Tod – wurden die letzten sechs Bewohner evakuiert. Nach diversen »Hilferufen« wurde vom irischen Regierungskabinett eine Verordnung erlassen, die alles regelte und u.a. den Restbewohnern neue Häuser in Dunquin zuwies.
Seitdem traf endgültig zu, was Heinrich und Annemarie Böll titelten, als sie Thomas Ó Crohans Buch (bei Flower: *Tomás*) »*The Islandman*« übersetzten, das wiederum Robin Flower aus dem Irischen übertragen hatte (*An t-Oileánach*): »Die Boote fahren nicht mehr aus« (Göttingen: Lamuv, ⁹2001). – Die Vor- und Nachgeschichte der Evakuierung beschreibt Cole Moreton in »Abschied von Great Blasket« (München: Piper, 2005).

»*Cá il an sneachta bhí comh geal anuirig?*« (Wo ist der Schnee geblieben, der letztes Jahr so hell glänzte?)

Aufgeregt sprang ich auf und rief: »*Ou sont les neiges d´antan?*«

»Wer sagte das?« fragte der »König«, ein Experte auf diesem Gebiet.

»*François Villon* hat es gesagt«, antwortete ich.

»Und wer war das?« entgegnete er. »War das ein Mann aus Connaught?«

»Nein, er lebte vor hunderten von Jahren und sagte es auf Französisch und es war ein Sprichwort seines Volkes«.

»Gut«, fiel *Tomás* ein. »Besser kann man ein Sprichwort nicht formulieren. Ich habe immer schon gehört, dass die Franzosen ein kluges Volk sind und ich würde es ihnen nicht übel nehmen, wenn sie es vor uns gesagt haben sollten«.

Der König ist tot und *Tomás* auch, wie der größere Teil der klagenden Gesellschaft. Und alles, was daraus folgte, war das Lied, das wir zusammen gemacht haben über den Schnee vom vorigen Jahr.

15. Oktober 1944 R. F.

DIE STRAßE ZUR INSEL

Als der Zug die Grafschaft Cork verlässt, in die Grafschaft Kerry einbiegt und immer weiter und weiter nach Westen rollt, verändert sich die Landschaft und bekommt einen immer unfruchtbareren Charakter. Die Wälder, Felder und das üppige Grün der Wasserwiesen, die sich um den großen Blackwater-Fluß versammeln, sind bald nur noch schwache Erinnerung. Die Hügel fangen an, sich an den Horizont zu drängen und lange melancholische Abschnitte von Sumpfland sind zuletzt Vorder- und Mittelgrund zugleich. Wir verlassen Killarney, welches seine Seen und Wälder vor dem Reisenden verbirgt wie ein reicher Mann seine Kostbarkeiten vor dem zufälligen Wandersmann und kommen schließlich nach Tralee, die letzte Station auf der Bahnlinie nach Westen und das Tor zum wilden Hochland der Halbinsel Dingle. Ich habe alte Leute auf Blasket über einen Besuch in Tralee sprechen hören wie ein Mann der Highlands über Glasgow oder ein Bauer aus Warwickshire über London spricht. Dingle ist ihre vertraute Heimatstadt, aber Tralee ist jenseits des Horizontes, ein Platz von selten gesehenen Wundern – das Gerichtsgebäude mit seinen nun herrenlosen Gewehren aus alten Kriegen, Donovans Mühlen, und der große Marktplatz, wo man immer noch die Ballettsänger hören kann, mit dem Tremolo ihrer nicht enden wollenden Lieder, in rauer Begleitung der Herde.[2]

---

2 Nicht nur Vieh wurde auf diesen Märkten verkauft, obwohl der Geräuschpegel der »Herden« dafür typisch war. Mícheál de Mórdha, Direktor des Great Blasket Heritage Centre in Dunquin, schrieb mir dazu: »Verkauft wurden auch

Zum kleinen Bahnhof der Bahnlinie nach Dingle kommen die Leute vom Lande am Ende eines Markttages mit seinen kunterbunten Einkäufen. Man vergisst London und Dublin, alle Städte der Erde, und mit gälischen Gesichtern und gälischen Stimmen um einen herum steht man am Eingangstor einer älteren und einfacheren Welt. Und wenn die letzte alte Frau mit ihrem letzten Bündel sicher aufgestiegen ist, dann fährt der Zug langsam aus dem winzigen Bahnhof heraus und trödelt zwischen Bergen und Meer zur Abzweigung nach Castlegregory. Dort schüttet er ein Zehntel seiner Passagiere aus und nimmt Richtung auf die Berge.

Nach und nach, vorbei an sich ausstreckenden Tälern, über Brücken, die sich über reißende Bergströme spannen, an der steilen Seite von Heidehügeln, vollbringt der Zug den Aufstieg zum Pass und lässt den langen Bogen der Bucht von Tralee hinter sich und die schattigen Höhen jenseits davon. Man fährt an *Gleann na nGealt* vorbei, wo *Suibhne Geilt* und all das verrückte Volk von Irland hinkamen, auf den leichten Schwingen ihres zerstörten Verstandes fliegend. Und vorbei geht es an dem *Gleann an Scáil*, wo *Cúchulainn* und der Riese sich gegenseitig mit großen Felsen bewarfen, welche, sich in der Mitte treffend, in zahllose Stücke zerbarsten im darunter liegenden Tal. Die Bucht von Dingle kommt in Sicht und der Platz, wo *Aogán Ó Rathaille* schlaflos der schlaflosen Welle von *Duibhneacha* lauschte.[3] In diesem Gebiet ist er immer noch ein Dichter,

die Texte verschiedener Balladen in gedruckter Form, meistens auf kolorierten DIN A5-Papierbögen. Die Verkäufer pflegten die Balladen auch selbst zu singen, damit die Leute die gedruckten Texte kauften. Nach einigen Gläsern Guinness wurden damit gute Geschäfte gemacht…«

3 Hier wird auf die Gattung der irischen »*aisling*«-Gedichte angespielt, für die Aogán Ó Rathaille (1675-1729) einer der ersten und bedeutendsten Vertreter war. In diesen Visionsgedichten geht der Dichter draußen in der Natur spazieren und erlebt die Vision einer Frau aus einer anderen Welt. Typischerweise ist diese Frau Irland und das Gedicht klagt über ihre Geschicke oder ruft ihre »Söhne« dazu auf, gegen die Fremdherrschaft zu rebellieren. – Robin Flower

dessen man sich erinnert. Es gibt eine Geschichte über ihn, erzählt auf den Inseln, der ich nirgendwo sonst begegnet bin. Mit einem Freund wurde er von der Dunkelheit überrascht, erzählt die Sage, an einer einsamen Stelle in den Bergen. Und als sie ein Haus sahen, sagte er, sie wollten die Nacht hier verbringen.

»Hier können wir nicht bleiben«, sagte der Freund.

»Und warum nicht?« sagte Aogán.

»Weil«, sagte der andere, »der Mann des Hauses ein Geizhals ist und keinen Mann jemals dort übernachten ließ.«

»Wir werden reingehen«, sagte Aogán, »nichtsdestotrotz.«

Sie gingen hinein und der sagte noch nicht so viel wie »Setzt euch« oder »Hinaus mit euch«.

Aogán setzte sich zum Feuer und sein Freund neben ihn.

»Nun, war es nicht eine merkwürdige Sache, die die Krähe zu mir gesagt hat?« sagte Aogán.

»Sicher ist: die Krähe hat bisher noch gar nichts gesagt«, sagte der Mann des Hauses.

»Aber ja, das hat sie getan«, sagte Aogán. »Hat sie nicht gesagt: Aogán, Aogán, Aogán Ó Rathaille!«

»Bist du Aogán Ó Rathaille?« sagte der Mann und sprang aus seiner Ecke auf. »Hunderttausend Willkommensgrüße an Dich und bleibe hier drinnen, bis es Tag wird.«

Zuletzt fährt der Zug mit seiner immer kleiner gewordenen Besetzung in den Bahnhof von Dingle ein. Und wenn man ein Auto nimmt, holpert man die schmutzige Straße entlang, die vom Kai über die Brücke und hinaus in das offene Land führt. Es ist eine 10-Meilen-Fahrt nach Dunquin, ob man den Rundweg über Slea Head nimmt oder über den Bergpass zwischen *Sliabh an Iolair* und

hat sich selbst in diesem Buch an der Gattung versucht: In seinem Gedicht »Überfahrt bei Nacht«. Vgl. auch das Kapitel »The *aisling*« in »*Island Home – The Blasket Heritage*« von George Thomson.

Cruach Mhárthain fährt, und im Fahren nimmt die Unfruchtbarkeit des Landes zu. In *Baile an Ghóilín* ist ein Gehölz, rund um das Haus, das einst Lord Ventry gehörte. Sieh es dir gut an, denn du wirst keine Bäume mehr sehen, außer einigen allein stehenden Eschen und Stechapfelbäumen, bis du den Weg wieder zurück fährst. Alles andere ist nacktes Feld und dunkler Morast, gestirnt hier und da mit schneeweichem Wollgras oder in Glanz getaucht durch das verschwenderische Gold des Ragwurzes. An den Bergabhängen breiten sich verkümmerte Ginsterbüsche in gelben Massen zwischen dem Violett der Heide aus. Und hier und da hängen am Rande der Straße die Fuchsien ihre wächsernen Leuchter aus, merkwürdig künstlich anzusehen in dieser wilden Landschaft, wie der unangemessene Staat eines Landmädchens, den sie am Festtage angezogen hat. Möwen fliegen und schreien über den Sümpfen und hier und da gleitet träge ein Reiher oder einfüßige Barsche schwimmen in einem seichten Bach.

Über die Bucht hinweg ziehen die Hügel von *Íbh Ráthach* eine zerklüftete Linie in den Himmel und auf der anderen Seite erhebt sich das Land bis zum riesigen Umriss des Mount Brandon, mit nichts hinter sich als Wolken und blauer Luft. Das Auto rattert durch Ventry, einer Reihe von Häusern, die hinter dem Long Strand liegen, wo jetzt Pferderennen abgehalten werden, wo aber in alten Sagen der ländlichen Überlieferung *Fionn* und die *Fenier* immer noch ihre ungleichen Schlachten gegen *Dáire Donn* und die Heere der Welt schlagen.

Außerhalb von Ventry beginnt der Anstieg und die Straße klettert zwischen dem flachen Tafelland von *Sliabh an Iolair* und dem spitzen Bergkamm von *Cruach Mhártain*, der auf seinem Gipfel einen druidischen Steinkreis hat – *a leaba Dhiarmada agus Gráinne* – wo nichts desto weniger die fliegenden Liebenden niemals ruhten, nur *Diarmaid*, sagt die Legende, hielt hier Wacht für *Fionn* über den Hafen von Dingle. An der Seite der Straße verläuft eine tiefe und breite Rinne, in welche, wie man erzählt, einst ein Trunkenbold mit seinem Eselskarren fiel und dort, Mann und Esel, eine Woche tot lagen, bis man sie fand. Mit dieser Sage im Sinn fuhr ich einst über diesen Pass bei einbrechender Dunkelheit mit einem betrunkenen Fahrer und einem Mädchen, das Gebete stammelte, und ich dachte, der arme Trunkenbold bewege sich unruhig in seinem Schlaf, in Erwartung von Gesellschaft für seine Einsamkeit.

Von der Spitze des Passes schaut man zurück und sieht, wie sich weit hinter einem eine Welt aus Sumpf, Gebirge und Meer erstreckt. Über diesen Pass erzählen die Insulaner eine Sage, so auch in ganz Irland bekannt, von der Frau, die noch nie von zu Hause fort gekommen war und bei ihrer ersten Unternehmung dieser Art zum Pass kam und in die sich ausbreitende Landschaft hinein rief: »Was für ein weiter und beschwerlicher Ort ist doch dieses Irland!« Und erschrocken über die Weite der enthüllten Welt, kehrte sie für immer um auf ihre gemütliche und vertraute Insel.

Ein bisschen weiter die Straße entlang wird man von der gegenüberliegenden Aussicht überwältigt – das Meer und die Inseln und der weite Horizont des Atlantiks. Unten ist Dunquin, weiße verblasste Häuser hier und da und das Muster der Felder am Rande der Hügel. Dann bricht die Klippe zum Meer hin ab und drei Meilen draußen liegen die Inseln. Sie sind die Hügelspitzen, die von ihren Festlandsbrüdern abgesondert wurden und wenn man sie so von oben sieht, könnte man sie für Seeungeheuer aus einer altertümlichen Welt halten, die lustlos ihre von der Zeit zerfressenen Rücken erheben, über den ruhelosen und flüchtigen Wellen. Am nächsten zu uns steht *Beiginis*, eine kleine flache Insel mit gutem Gras, mit einer Tochterinsel, *Oileán na nÓg*, die unterhalb ihrer Flanke liegt. Dahinter Great Blasket, *An t-Oileán Mór*, die große Insel, die sich zu ihrem hohen zentralen Hügel erhebt und die Ansicht der kleineren Inseln *Inis na Bró* und *Inisicíleáin* abschirmt. Rechts ist die Nordinsel, *Inis Tuaisceart*, die

in einer eigenartigen zackigen Klippe ausläuft, welche die Insulaner lebhaft an einen Hahnenkamm erinnert. Weit draußen im Meer steigt die von Möwen heimgesuchte Pyramide der Insel *Tiaracht* auf, die das letzte Licht trägt, das irische Emigranten sehen, wenn sie sich auf ihre lange Reise nach Amerika machen. So ist dies der letzte Strand der Alten Welt, die Inseln sind die westlichsten aller bewohnten Gebiete Europas und bis zu der Zeit von Kolumbus war nichts dahinter als das weite Meer. »War es nicht ein großer Gedanke, den Kolumbus da hatte«, sagte einst ein Mann zu mir, als wir lagen und auf den Atlantik hinausschauten, »dass er Amerika entdeckt hat? Denn wenn da nicht Amerika wäre, würde es die Insel keine Woche mehr aushalten.« Und das ist wahr, denn die wachsende Unfruchtbarkeit hat hier ihr Ziel gefunden und vielleicht nur in solchen Teilen Irlands, wo erst Erde auf die Felsen gehäuft werden muss, bevor die spärliche Frucht gesät werden kann, wird man eine geizigere Erde finden als hier. Und nur die Ernte des Meeres und die Beiträge der amerikanischen Exilanten erhalten das Leben auf der Insel.

Wenn man in Dunquin die Klippe hinuntersteigt, um das Boot zu nehmen, sieht man die zerklüfteten Ecken der Felsen sich ins Meer hinauslehnen, als seien sie in immerwährender Verteidigung gegen den wilden Ansturm der Wellen. Ein rauer Pfad die steile Klippe hinunter führt dich zum Helling, wo das Boot, leicht auf dem Wasser wippend, auf dich wartet. Diese Boote, die *Curraghs* des Westens, werden hier *naomhoga* genannt. Sie haben die übliche Struktur aus einem Lattengerüst und geteerter Leinwand und es gibt kein Fahrzeug der Welt, das so leicht auf dem Wasser liegt oder so bereitwillig der schwächsten Anregung des Ruders antwortet. Es gibt keine größere Freude auf Erden als im Heck des *naomhog* zu liegen, fast vom Wasser umarmt, während die starken Ruderer das Boot über die Wellen reißen. Das Boot arbeitet sich aus dem kleinen Hafen heraus und nimmt Kurs am Strand entlang unter den Klippen. Hier zieht sich die Insel von der Meeresoberfläche, die vom Klippengipfel aus noch so nahe erschienen war, zurück in die Ferne, hinter der tanzenden Gesellschaft der Wellen. »Sag Irland ade«, ruft einer der Ruderer und ich kehre mich um und nehme Abschied, nicht nur von Irland, sondern auch von England und Europa und der ganzen verwirrten Welt von heute.

DIE ÜBERFAHRT

Das Boot läuft schnell über die Wellen im hastigen Rhythmus der sechs kurzen, fast blattlosen Ruder; oder, wenn der Wind gut weht, folgt es dem Zug des winzigen geflickten Segels. Man sieht die Küste vorüberziehen und das derbe Hauptland von *Dún Mór*, einst das Zuhause einer legendären Göttin, mit einem Felsen am Ende, *An Seanduine*, der »Alte Mann«, ein für die Insulaner vertrautes Seezeichen. Dann wendet sich das Boot mit sich aufrichtendem Bug der Insel zu, und nach kurzer Zeit ist es vorbei an *Beiginis* und die hohe Front der Insel fängt an, sich über einem zu erheben. Zur Rechten ist ein langer Sandstrand, *An Traigh Bhan*, der Weiße Strand, und vor einem flachen Felsenriff, mit dem Umriss eines Ankers, findet er Abschluss im winzigen Hafen. Das Boot läuft ein, dreht sich um die eigene Achse und man gleitet mühelos auf den Landeplatz unter einer großen Klippe, die mit Kindern besetzt ist, die gefährlich an ihrem Schwindel erregenden Rand herumlaufen. Die Überfahrt ist vorüber und es ist eine der leichteren Art gewesen. Aber es gibt Tage, manchmal sogar Wochen, da die Insel durch den Zorn des Meeres von der außerhalb existierenden Welt abgeschlossen ist. Es gibt eine seltsame Geschichte über eine solche Isolation im Winter der alten Zeiten, die sehr wohl hier erzählt werden mag. So habe ich sie vom Geschichtenerzähler gehört:

»In jenen Tagen gab es keinen Priester näher an der Insel als *Paroiste Murach*. Eine Familie auf der Insel hatte ein Baby und sie warteten darauf, hinüber zu segeln, Tag für Tag. Aber es gab schweres Wetter in der Tiefe des Winters und vielleicht waren sie ja auch nicht allzu sehr darauf erpicht loszufahren, wie auch immer. So blieb das Kind ein Jahr und einen Tag ungetauft. Da schließlich machten sie sich auf und es gab ein Boot, das über das Meer nach Dingle fuhr. Es stiegen ein: Vater, Mutter und Kind – und das Baby war gerade im Begriff das Laufen zu lernen. Als sie das Haus des Priesters erreichten, war der irgendwo unterwegs, so dass die Haushälterin der Ehefrau einen Platz anbot. Da begann das Baby zu brüllen. Die Haushälterin meinte, irgend etwas würde ihm wohl wehtun.

›Keineswegs‹, sagte die Ehefrau. ›Er ist immer so, wenn er kein Ei in seiner Hand hält.‹

›Wieso‹, sagt die Haushälterin, ›du musst selbst ein bisschen kindisch sein, wenn du glaubst ein empfindliches Baby könne ein Ei in der Hand behalten.‹

›In der Tat und bei meinem Mantel!‹ sagt die Mutter, ›er könnte das und er könnte es auch essen.‹

›Willst du mir sagen‹, sagt die Frau, ›dass ein ungetauftes Kind ein Ei essen kann?‹

›So ist es‹, sagt die Ehefrau.

›Er ist wohl ziemlich schnell gewachsen?‹ fragt die Andere.

›Nun, er ist wohl schon nahezu einen Monat alt‹, sagt sie.

›Ist denn ein noch keinen Monat altes Kind in der Lage, ein Ei in der Hand zu halten und es auch noch zu essen?‹ fragt die Frau.

›Er würde schon‹, sagt die Mutter, ›wenn da auch etwas drin wäre.‹

›Wo kommst du her?‹

›Von der Insel, meine Freundin.‹

›Dann ist das ja kein Wunder, denn die Leute dort sind wild‹, sagt die Frau, ›sie sind schon wild in der Mutter Leib. Hast du genug Muttermilch für ihn in deinen Brüsten?‹

›Keinen Tropfen‹, sagt die Mutter, ›aber ich brauche das auch nicht.‹

›Was gibst du ihm denn zu Essen und zu Trinken?‹

›Ein frisches Ei, ein bisschen frischen Fisch, ein Stück frisches Kaninchen und jeden Mundvoll teile ich mit ihm.‹

›O Ehre sei Gott!‹ sagt die Haushälterin.

Es hat dann nicht mehr lange gedauert bis der Priester eintrat und die Haushälterin sagte ihm, dass sie ein Baby zur Taufe gebracht hätten.

›Wo ist es her?‹ sagt der Priester.

›Von der Westinsel‹, sagt sie.

›Wie sind sie hierher gekommen?‹ fragt er.

›Sie sind geradewegs durch die Bucht gekommen‹, sagt sie.

›Es ist ein Wunder, dass sie das Kind nicht verloren haben, bei so langer Fahrt auf dem Meer‹, sagt er.

›Wie lange auch immer‹, sagt sie, ›es hat ihm nichts ausgemacht, denn jedes Baby dort kann nach einem Monat laufen.‹

›Was sagst du?‹ sagt er.

›Was ich sage ist dies‹, sagt sie, ›dieses hier läuft und ist noch keinen Monat alt.‹

›Sage der Mutter, dass ich sie sehen will.‹

Die Mutter kam.

›Wo bist du her?‹

›Von der Insel, Vater.‹

›Willst du das Kind da taufen lassen?‹

›So ist es, Vater.‹

›Wie alt ist er?‹

›Kaum einen Monat.‹

›Erzählte mir nicht die Haushälterin, er könne laufen?‹

›Er beginnt gerade damit, Vater.‹

›Noch keinen Monat alt?‹

›Ja, in der Tat, Vater‹, sagt sie.

›Hast du noch weitere Kinder?‹

›Ja, Vater: Noch sechs.‹

›Hat eins von ihnen auch schon so früh wie dieser angefangen?‹

›Ja, Vater: Allesamt. Dieser hier macht noch die schlechteste Figur dabei.‹

Der Priester, als er dies hörte, war wie vom Donner gerührt und er stand eine Weile nachdenklich da.

›Fängt jedes Baby auf der Insel an so früh zu laufen?‹ sagt er.

›Ja, und einige sogar schon früher.‹

Wieder hielt er für eine Weile inne.

›Ist das ein Ei in seiner Hand?‹ sagt er.

›Ja‹, sagt sie, ›Ich hab schon lange der Haushälterin gesagt, sie solle es kochen, denn der arme Kerl ist hungrig.‹

›Willst du mir sagen, er würde es essen, wenn es gekocht wäre?‹

›Bei meinem Mantel: Er würde!‹ sagt sie, ›denn zu Hause hätte er schon drei davon verdrückt.‹

›Nun‹, sagt der Priester, ›eine ähnliche Geschichte habe ich noch nie zuvor gehört. Wir können ihn auch gleich taufen‹, sagt er, ›vielleicht bist du ja genauso hungrig wie das Baby.‹

Er bedeutete der Frau, ihm das Ei für eine Weile wegzunehmen, was sie auch tat, woraufhin man das Kind über ganz Dingle hinweg brüllen hörte. Sie mussten es ihm wiedergeben, und er hielt es während der ganzen Zeit der Taufe fest. Als er getauft war, sagte der Priester: ›Wenn er am Leben bleibt, wird er werden wie einer von Irlands Feniern. – Holt euch ordentlich zu Essen von der Haushälterin für euch selbst und das Baby.‹

›Ihre Gesundheit, Vater‹, sagt sie.

Das Baby lebt immer noch, seine Knochen waren stark genug, aber, glaub mir, er war weit davon entfernt, die Kraft der Fenier zu bekommen. Ich gebe dir mein Wort: Die Inselfrau war keine Närrin. Sie dachten sie könnten sie verlachen, doch es war sie, die zuletzt lachte.«

Man könnte schon glauben, wenn man die »Babys« auf der Klippe über dem Hafen laufen sieht, sie alle hätten das Laufen vor dem Ende des ersten Monats gelernt. Sie schreien, wenn das Boot auf den Landeplatz gleitet und stehen eifrig gaffend, während die Männer ausladen und dann das Boot aus dem Wasser heben und darunter hergehend den Weg emporsteigen wie ein sechsfüßiger Mistkäfer. Sie verstauen es auf einen Spreizbock und dann klettern wir alle zur Spitze der Klippe hinauf. Wir haben die Insel erreicht.

Wir sind mit einem Postboot hereingekommen. Der große, schwere Mann, mit dem breiten, gütigen Gesicht und mit der leichten gebieterischen Pose eines Kapitäns eines Küstenschoners, der den Weg den Pfad hinauf anführt, trägt eine Tasche über seine Schulter geschlungen. Er ist der »König« der Insel, *Pádraig Ó Catháin*, der Diplomat, der Chef und die Autorität im Dorf, der sein Amt durch das schiere Gewicht seines Charakters trägt. Er hält an auf der breiten Fläche an der Spitze der Klippe, löst die Schlinge und öffnet seine Tasche, und die Kinder sind aufgeregt um ihn herum, während er ein paar Brillengläser auf seine Nase setzt, die Briefe nach und nach herausholt und die Adressen laut vorliest. Als jede Adresse gelesen ist, streckt ein Kind nach dem anderen eifrig die Hand aus und rennt mit dem Brief an seinen Bestimmungsort. Als alle Briefe verschwunden sind und die Menge sich zerstreut hat, gehen wir zum Dorf hinauf.

So kommen die äußeren Nachrichten zur Insel; vom Festland, von der nächsten Gemeinde, welche Amerika ist und von England, das im Geiste viel weiter entfernt ist. Ich erinnere mich, wie ich – in einem schicksalhaften Jahr – dastand, und das Segel des über den Sund dahinfliegenden Postbootes beobachtete und mit den Kindern hochging, um seine Ankunft zu erwarten. Der König kam mit der Tasche den Abhang langsam hoch, setzte ihn auf den Boden und sagte, sich zu mir wendend, mit ernster Haltung: »Es gibt Nachrichten heute. Sie haben in der östlichen Welt einen Erzherzog getötet.«

Für uns bedeutete das wenig in dieser zurückgezogenen Isolation am Meer. Aber nach einem Monat war ich zurück in London und die vertraute Fabrik des Lebens war für uns alle wie ein Spinnweb im Wind zerrissen – und für die Insel auch, obwohl die Aufklärung erst später kam. Innerhalb weniger Jahre war die Bucht voll von Anti-U-Boot-Schiffen und die Fluten brachten Wracks von Schiffen und die stillen Gestalten der Toten an den Stränden zu Tage. Aber dies war noch in der Zukunft, als ich diese Insel zuerst kennen lernte und dies sind nicht die Erinnerungen, die ich besonders erfreulich finde.

Als wir den Pfad, der unter dem steilen Antlitz des Hügels das Dorf unter uns entfaltet, hinauflaufen, sehen wir einen unregelmäßigen Haufen von Häusern, die aus dem Wind heraus kriechen, wo immer sie einen Schutzwall finden können; die, wenn man zum Himmel blickt, schwarz geteerte Dächer haben, auf denen die Stockfische trocknen. Ganz oben im Dorf ist der Brunnen, wo Frauen und Kinder mit Eimern und Kannen warten, bis die Erde langsam ihr geschätztes Wasser hergibt. Ein Esel steht mit gesenktem Kopf, der geduldig wartet unter der Last seiner Tragkörbe, vollgefüllt mit braunem Torf. Und ein ständiges Schwatzen hebt an, als die Wasserträger spielerisch um den Vortritt zanken oder von Mund zu Mund den beständig aufgeregten Klatsch einsamer Landgegenden weiter-geben. Sie rufen uns an, als wir vorbeikommen und wir tauschen Grüße mit ihnen, erkennen alte Freunde und erneuern eine alte Bekanntschaft. Dann betreten wir die Küche des Königs, er legt seine Tasche ab und heißt uns in förmlichen und beredsamen Worten willkommen zurück auf der Insel. Wir sind froh, wieder hier zu sein und, als ein Freund nach dem anderen nach vorne kommt, um uns zu begrüßen, da ist es, als seien wir trotz langer Abwesenheit endlich wieder zu Hause.

In Dingle haben wir uns mit einer großen Blechdose voll verschiedener Süßigkeiten versorgt und, als die Nachricht sich in den Häusern ausbreitet, führt das zur augenblicklichen Mobilisierung der Infanterie. Die Küche füllt sich auf einen Schlag mit wildhaarigen Kindern. Die ganze Menge schaukelt mit einer seltsamen Bewegung, einer eigenartigen Mischung aus Vorwärtsbewegung und Rückzug, Tapfermut und Bescheidenheit, gutem Benehmen und Ehrgeiz. Die Tochter des Königs ordnet die irregulären Truppen und, nach und nach, schlurfen sie nach vorne und ziehen sich wieder zurück, jeder glücklich mit einer Hand voll Süßigkeiten. Allmählich leert sich die Küche, nachdem sie heraus auf den Hügel gelaufen sind, um ihren Preis verzückt zu betrachten. Aber dann kommt über dich das plötzliche Gefühl von neuer Präsenz im Raum.

Du blickst auf und siehst eine schmächtige aber selbstsichere Figur, die an der Wand lehnt mit der Aura eines Wesens, das sich magisch aus dem Nichts heraus materialisiert hat. Das Gesicht nimmt deine Aufmerksamkeit sofort für sich ein und hält sie fest. Das Gesicht ist dunkel und dünn und aus ihm schauen zwei schnelle und lebendige Augen heraus, lebhafte Zeugnisse einer feinen und selbstgenügsamen Intelligenz. Er kommt auf dich zu und heißt dich willkommen, mit ernster und liebenswürdiger Intonation und gewählter und fließender Sprache. Du bist tatsächlich nach Hause gekommen, denn dies ist *Tomás Ó Crithin*, der Poet und Geschichtenerzähler der Insel.

Überfahrt bei Nacht

Die dunkle Klippe türmte sich hoch zu flackernden Sternen
Die nichts anderes zu sein schienen als Lichter auf ihrer Kuppe,
Und auf dem schlüpfrigen Kai
Sprachen Männer – ein Schwall aus nicht endendem Gälisch.
Ich stieg hinunter zum Boot,
Eine zerbrechliche Haut, auf unruhigem Wasser schaukelnd,

Und auf Berührung hin zitternd
Und glitt hinaus leise auf den mondhellen Meerweg.
Ich lag im Heck
Spürte jedes Beben des unter uns schlingernden Wassers,
Als Welle um Welle uns hob und senkte.
Funkelnd tropfte Wasser von den Rudern; brennend
Folgten mit mattem Glühen große gespiegelte Kugeln des Mondes
Den fahrenden Ruderblättern. Eine Stimme erhob sich singend
Zur Melodie des verlaufenden Wassers und den Lauten der
        Ruder:
»Ich traf ein Mädchen an einem nebligen Morgen
Und sie war barfuss unter sich kräuselnden Locken.
Ich fragte sie, ob sie Helena sei oder Deirdre?
Sie erwiderte: ›Niemand von diesen, sondern Irland.
Männer sind für mich gestorben und werden es weiterhin tun.‹«
Dann erstarb die Stimme, und, wachsend im Dunkeln
Der Umriss der großen Insel
Erhob sich aus dem Wasser gewaltig verdüsternd,
Und trug Lichter wie Sterne auf seiner Bergkuppe.

Tomás

Ich stand herum, und er
Baute den Torfschober auf mit so sorgfältiger Hand;
Tausend Schober hatten die Hände gebaut, um nun
Zierlich zu arbeiten, geschickt und wie von selbst.
Unter uns die Große Insel
Fiel ab mit weiß glänzenden Gräsern hin zu den Klippen,
Und da tauchten plötzlich hinunter
Einfache Felsenmöwen in murmelnde Wellen.

Weit draußen in der Bucht die Tölpel
Stoppten, wendeten und schossen pfeilgleich hinab,
Und jenseits von Insel, Bucht und fallenden Tölpeln,
Irland, eine nackte Felsenwoge, erhob es sich und fiel.
Er hatte sechzig Jahre auf der Insel gelebt
Und diese Jahre und die Insel lebten in ihm,
Eingraviert in sein Fleisch, in seinem Auge wohnend,
Und all seine Rede formend,
Diese Rede so witzig und wunderschön
Und beladen mit dem Gedächtnis so vieler Toten.
Seine Pfeife anzündend wandte er sich um,
Blickte auf die Bucht und beugte sich zu mir und sagte:
»Wenn du um alle Küsten Irlands herumgehen würdest,
Wäre es schwer für dich zu finden
Etwas so Wunderschönes irgendwo sonst;
Und oft bin ich einsam,
Wenn ich die Insel anschaue und die fallenden Tölpel
Und höre die Fluten einsam in den Höhlen.
Aber, klar: Welch ein merkwürdig Herz, das nie einsam wär.«

TOMÁS

Am Tag meiner Ankunft auf der Insel hatte *Tomás* den ganzen Morgen über bei *Beiginis* gefischt und kommt am frühen Nachmittag in die Küche mit einem großen Brassen.

»Das ist ein feiner Fisch, den du da hast,« sage ich.

»Er ist für dich, denn ich dachte du solltest am ersten Tag deiner Rückkehr zur Insel einen guten Fisch zum Abendessen haben.«

Ich nehme den Fisch und lege ihn auf den Tisch herunter und beginne, ihm in meinem holperigen Irisch zu danken.

»Danke mir nicht, bevor du meine ganze Geschichte gehört hast«, sagt er.

»Nun«, sage ich, »keine Geschichte könnte meinem Dank abträglich sein.«

»Dann höre. Als ich heute Morgen vom Fischen zurückkehrte, hatte ich zwei Brassen, eine größer, eine kleiner. Die da ist nicht die Größere der beiden.«

»Wie ging das an?« sage ich und spüre, dass ein Scherz im Kommen ist.

»Nun, es war so: Ich kam in mein Haus, legte die Fische auf den Tisch und sprach zu mir selbst: ›Nun denn: Welchen dieser zwei Fische soll ich dem Gentleman aus London geben?‹ Und da kam mir ein alter Ausspruch in den Sinn: ›Als der Herrgott am Anfang Himmel und Erde machte, behielt er das Bessere der beiden für sich selbst.‹ Und wo hätte ich ein noch höher stehendes Beispiel finden sollen?«

Zusammen über diese kunstvoll vorbereitete Komödie lachend, gehen wir in den Raum rechts von der Küche, der die Gäste des Königs beherbergt. Wir setzen uns an den Tisch vor dem Fenster, wodurch das Auge über die Meerenge zur nackten Küstenlinie Irlands wandern kann und die Geschäftigkeit des Nachmittags beginnt.

Wir müssen uns darüber unterhalten, in welcher Form mein Unterricht gestaltet werden soll. Ich möchte mich selbst erproben, indem ich die Sprache von seinen Lippen lesend, niederschreibe. Was wird er mir geben: isolierte Vokabeln und Sätze oder ganze Geschichten und Gedichte? Das Urteil fällt auf die Geschichten, weil die Insel einst einen Dichter, *Seán Ó Duinnlé*, besessen hat, dessen Gedichte sich immer in den Begleitumständen abspielten, die sie hervorgerufen hatten. Auch *Tomás* hatte in seinem Leben so viele Dinge gesehen und erinnerte sich ihrer, und als er ein Mann wurde, so erzählt er mir, ist es eine lebendigere Welt gewesen.

»Als ich noch ein heranwachsender junger Mann war«, sagt er, »war es eine andere Welt, als die, die wir heute haben. Damals gab es kein stilles Trinken in und außerhalb der Taverne, ohne, dass ein Wort gesprochen würde. Da ging man einfach die Straße entlang und die Tür der Taverne war offen und man trat ein. Da waren so ungefähr zwanzig trinkende Männer und jeder Mann, der hereinkam, ging nicht hinaus, ohne ein Lied gesungen oder eine Geschichte erzählt zu haben. Und man ging die Straße weiter und da kam dann ein Geräusch aus einer anderen Taverne, und da war es dasselbe: ein Erzählen von Geschichten und ein Singen von Liedern und niemand war still. Man hat kein einziges Wort Englisch in Dingle gehört zu jener Zeit. Nur irisch wurde gesprochen in allen Straßen und Häusern. Das Land war voll bis zur Neige von Liedern und Geschichten und, wenn sich nichts ereignete, vom Aufstehen am Morgen bis zum Niederlegen am Abend, man würde dennoch einen Dichter treffen, einen Mann oder eine Frau, die Lieder machten über alles, was gerade geschah. Jetzt ist es nicht, wie es damals war, aber es ist wie das Meer bei Ebbe, wo nur einige Tümpel zwischen den Felsen übrig geblieben sind. Und es ist ein guter Gedanke von uns, die Lieder und Geschichten festzuhalten, bevor sie für die Welt für immer verloren sind.«

Und so wuchs das Bild von der Inselvergangenheit unter unseren Händen von Tag zu Tag: Er auf der einen Seite des Tisches sitzend, ein würziges Zweiglein von der Rotalge kauend, um seiner Rede salzigen Geschmack zu geben, und ich auf der anderen Seite, schrieb alles sorgfältig auf. Manchmal pflegte ich ihn anzuhalten, weil ein ungewöhnliches Wort oder eine fremde Satzwendung erklang. Dann erklärte er höflich, zog Parallelen zu örtlichen Redewendungen oder illustrierte es mit einer kleinen Geschichte, die er, wie es schien, aus seiner größeren Einheit von Geschichten abzweigte. So etwa erklärte er einmal, wie der Satz »das verräterische Pferd, das Zerstörung über Troja brachte« in ein Lied gekommen war.

»Und was für ein Pferd war das?« sagte ich.

»Es war das hölzerne Pferd«, antwortete er, »welches angefertigt wurde, um es dem König von Troja zu geben. Sie nahmen es mit und brachten es genau ins Zentrum der Stadt und es war herrlich anzusehen. In dieser Stadt war Helena, die die Welt zu Tode brachte. Jeder Mann, der gewöhnlich mit einem Heer kam, sie zu suchen, keiner von ihnen kam sicher nach Hause, sondern fiel wegen Helena vor der Stadt Troja. Es wurde gesagt, dass die ganze Welt Helenas wegen zu jener Zeit gefallen wäre, hätte es nicht die Idee dieses Mannes gegeben, das hölzerne Pferd dem König zu geben. Innen drin war, für alle unbekannt, ein Hohlraum, in dem zwei Männer waren und er war voll gestopft mit Schießpuder und Geschossen. Als das Pferd da in der Stadtmitte stand und jeder es leid war, es noch weiter zu betrachten, da, in einer Nacht der Nächte, öffneten meine beiden Männer das Pferd und gingen heraus. Jeder nahm seinen Anteil an Schießpulver und Geschossen mit. Sie verbreiteten sie hier und da in tiefer Nacht in der ganzen Stadt. Sie zündeten sie an und keine einzige lebendige Seele in Troja, die nicht verbrannte in jener Nacht.«

Ein anderes Wort in einer Geschichte rief meine Anfrage hervor: Es war »*bolg an tsolathair*«, der Vorratsbeutel.

»Ich habe von diesem Beutel gehört«, sagte ich, »aber nie richtig verstanden, was das ist.«

»Dazu gibt es eine Geschichte«, sagte *Tomás*. »Leg deinen Bleistift nieder, dann will ich sie dir erzählen.«

»Vor einer ganzen Anzahl von Jahren machte sich eine Gesellschaft aus der Hauptstadt Irlands auf den Weg. Sie hatten die Vereinbarung getroffen, neue Gedichte und neu erdachte Lieder im ganzen Land zu sammeln. Sie waren ein Bund, der Geld gesammelt hatte, und ihre Absicht war es, im ganzen Land anzufangen und jedermann eine Belohnung zu geben, der mit drei Strophen eines selbst gemachten Liedes käme. Eine Filiale wurde in der Grafschaft Kerry errichtet, ein Haus wie ein Kolleg, mitten in der Stadt, ein großer auf einem Bein stehender Rundtisch, und ein Haufen Papier und Bücher in der Mitte, Schreiber drum herum sitzend, Geld überall darüber verstreut, jedes in einer Holzschachtel, und das Geld sollte jeder bekommen, der sich zu schreiben traute, zum Preis von einer halben bis zu einer ganzen Krone, je nach Charakter und Wert.

Es gab eine Menge von Pächtern in dieser Stadt in Kerry, die hier eingezogen waren, und zusammen genommen, besaßen sie das Gras für zwanzig Kühe, und jeder hatte eine. Die Stadt lag ziemlich nahe am ›Großen See‹ von Killarney. Als nun die Kommission ihre Tätigkeit aufgenommen hatte und alles in tadelloser Ordnung war, ließen sie das Volk nachdenken. Erst waren es die Kinder der armen Leute, von jenseits der Stadtgrenzen, die das Geld wegtrugen. Dann sahen die Kinder der starken Bauern der Stadt, wie die Dinge liefen, dass durch das Herstellen von Liedern, Strophen und Gedichten mehr zu verdienen war, als durch Arbeiten auf dem Lande, wie sie es taten. Und aus diesem Gedanken heraus gaben diese Kinder der starken Bauern es auf, das Land zu bearbeiten und verfielen darauf, Lieder und Gedichte zu machen. Es dauerte nicht lange, bis ihr Land ruiniert war, weil sie es so zugehen ließen. Sie trugen keinerlei Sorge mehr, denn wer am Wenigsten verdiente, bekam eine halbe Krone, ein anderer zehn Schillinge, während wieder ein anderer mit einiger Gewitztheit ein Pfund an jedem Nachmittag einnehmen konnte.

Nun war da ein Herr, der nahe der Stadt wohnte, der, als er sah wie die Leidenschaft die Leute trieb, mit der Kommission immer voll dabei, mit einem Male erkannte, dass die Stadt zu diesem hohen Preis bald in den Ruin getrieben würde und, dass der Herr Landbesitzer sie nicht im Rückstand lassen würde, wenn sie ihre Pacht nicht mehr bezahlen konnten – denn die Landbesitzer waren mächtig hart zu den Leuten in jener Zeit. Der Herr hatte wahrlich recht mit seiner Vermutung, denn die Kommission und die Stadt blieben nicht lange: Sie gingen damit auf übelste Weise zu Grunde. Die alten Leute sagten, niemand könne glauben, dass diese Kommission, was immer sie der Stadt an Ärger eingebracht hatte, selbst einen Vorteil davon gehabt hätte, auch nicht die, die das alles auf den Weg gebracht hatten.

Nicht lange danach kam die Stadt in Schwierigkeiten und sie konnten weder Pacht noch Zins mehr zahlen. Der Landbesitzer aber war besonders wütend, denn er erkannte, dass es ihre eigene Narrheit und Sorglosigkeit in der Bearbeitung des Landes gewesen war, die sie Pacht und Zins nicht zahlen ließ. Und bei seiner ersten Visite schmiss er sie unterschiedslos raus, keinem einzigen jener zwanzig Pächter seinen Besitz lassend. Nicht lange nach ihrer Vertreibung kam der Herr, der alles vorhergesehen hatte, zum Landbesitzer, um mit einer Goldbörse Pacht und Zins zu entrichten. Er wurde bald ein reicher

Mann. Die Anderen wanderten mit ihren Kindern aufs Land hinaus und wurden nicht bedauert, denn ihre eigene Schuld hatte sie in den Ruin getrieben.«

Ich brauche nicht zu sagen, dass dies keine Vorwegnahme der *Gaelic League*[4] gewesen ist und, dass von allen Kommissionen, die je Irland wohl taten oder heimsuchten, es keine gegeben hat, die unter dem Namen »Kommission der Dichtkunst« gelaufen wäre. Und ich kann mir nicht helfen: ich denke *Tomás* sei ein wenig zu hart mit den unglücklichen Bauern gewesen, die zumindest einen einzigartigen Augenblick in Geschichte oder Legende für die Nachwelt erhalten haben: die Zerstörung einer Stadt durch Dichtung. Städte sind durch viel schlimmere Dinge zerstört worden.

Meiner Erinnerung nach hatte ich, als ich der Geschichte zuhörte, eine wandernde Gedankenverbindung, die mir da in den Sinn kam: Die Geschichte einer griechischen Stadt, die durch Dichtkunst wiedergeboren wurde. Über Burton hat Laurence Sterne sie von Lukian entwendet. Lasst uns ihr lauschen, auf dass die Poesie in Schutz genommen werde.

---

4 Die »Gaelic League« (heute: *Conradh na Gaeilge*) war eine Organisation, die es sich zum Ziel gesetzt hatte, »dass die irische Sprache weiterhin in Irland gesprochen wird.« 1893 von Douglas Hyde gegründet, gehörten ihr die meisten Protagonisten des Osteraufstandes von 1916 an, wie Eoin Mac Neill und vor allem Pádraig Pearse. Ihre Geschichte ist geprägt vom Widerspruch zwischen realpolitischen Zielen und einer gewissen romantischen Volkstümelei, worauf Flower hier auch ironisch anzuspielen scheint. Für unsere Kenntnis der Blasket-Tradition aber war sie ganz entscheidend, wie der große Gräzist George Thomson, selber einer, der auf Great Blasket sein ganz eigenes Arkadien fand, in seinem Buch »Island Home« zu berichten weiß: »Inzwischen hatte Tomás begonnen, sich für die Gaelic League zu interessieren, die in Dunquin Sprachunterricht ins Leben gerufen hatte. Durch schlechtes Wetter für einige Tage aufgehalten, fand er dort ein Lehrbuch und nahm es mit. Aus ihm lehrte er sich selbst Lesen und Schreiben.« Nur so ist die eindrucksvolle Autobiographie von Tomás Ó Crohan möglich geworden und in ihrer Nachfolge die Fülle weiterer Literatur, die von Great Blasket ihren Ausgang nahm.

»Die Stadt Abdera, obwohl Demokrit darin lebte, der alle Kräfte der Ironie und des Lachens für ihre Zivilisierung ausprobierte, war die gemeinste und verworfenste Stadt in ganz Thrakien. Was für Gifte, Verschwörungen und Meuchelmorde – Verleumdungen, Schmähschriften und Tumulte, es lief nichts mehr am Tage – und schlimmer noch bei Nacht.

Nun, als die Dinge am Schlimmsten standen, da geschah es, dass die ›Andromeda‹ von Euripides in Abdera aufgeführt wurde. Das ganze Orchester war zufrieden damit, doch von allen Passagen, die sie erfreuten, wirkte nichts mehr auf ihre Vorstellungskraft, als die zarten Streiche, welche der Dichter aus der pathetischen Rede des Perseus heraus geholt hatte:

›*O Cupido, du Prinz der Götter und der Menschen…*‹ u.s.w.

Fast jeder sprach in den nächsten Tagen in Jamben und über niemand anderen als Perseus mit seiner pathetischen Anrede – ›O Cupido, du Prinz der Götter und der Menschen‹ – in jeder Straße von Abdera, in jedem Haus – ›O Cupido! Cupido!‹ in jedem Mund, wie die natürlichen Noten einer süßen Melodie, die nicht mehr weggeht, ob du willst oder nicht – nichts als ›Cupido! Cupido! Du Prinz der Götter und der Menschen‹ – Das Feuer brannte – und die ganze Stadt, öffnete sich selbst, wie das Herz eines einzigen Mannes, der Liebe.

Kein Pharmazeut konnte ein Giftkorn verkaufen – kein einziger Waffenschmied hatte den Mut ein Todesinstrument zu schmieden – Freundschaft und Tugend trafen einander und küssten sich auf der Straße – das goldene Zeitalter war zurückgekehrt und hing über der Stadt Abdera – jeder Abderit nahm seine Hafermehlpfeife und jede abderitische Frau ließ ab von ihrem purpurnen Gewebe, setzte sich züchtig hin und lauschte dem Lied.«

Von Abdera nach Killarney braucht der Schrei lange Zeit. Zu den einen brachte die Dichtung Liebe, den Anderen aber die Zerstörung. Jedoch ist beiden etwas gemeinsam, was sich erst in letzter Zeit entwickelt hat: Man wird wenige Volkslieder in Abdera oder Killarney heute noch hören. Und vielleicht bekommt weder dort noch hier Poesie vielen Lohn, weder in Form von Liebe noch als Geld.

EIN PARLAMENT DES BERGABHANGS

An einem Septembertag mit verschleiertem Licht und wabernder Hitze stand ich an der baufälligen Mauer an der Seite des Hauses, das dem König gehörte, um Ausschau zu halten über die Meile Wasser zwischen *Beiginis* und der Insel. Jenseits von *Beiginis* schwappte das Wasser ölig, hier und da die ganze Oberfläche zur langen Welle erhebend, als der Schwall eines fernen Sturms über dem Atlantik leise über den Sund heran kam.

Um *Beiginis* herum war das Wasser zum Teil unterbrochen von kleinen Inseln, die entweder herausragten oder überflutet waren, über welche das Meer schäumend hinwegtaumelte. Das Festland flimmerte in einer trügerischen Ferne von Sommernebel, der übliche scharfe Umriss seiner Hügel verlor sich an einen ungewissen Himmel. An diesen drei Meilen Meer bewegte sich nichts, nicht der schwächste Wind raute die stahlfarbene Oberfläche auf. Kein Boot war sichtbar, weder an der Küste noch im Sund, denn der erwartete Makrelenschwarm war noch nicht gekommen und die Hummer, so sagte ein Fischer zu meinen Füßen, »haben eine Sommerkrankheit« und lägen schlaff in ihren Löchern in den Felsen. Nur über dem Wasser, zu unseren Füßen, glitten müßig drei oder vier Tölpel, im Gleichgewicht der ansteigenden Luft, mit fast bewegungslosen Schwingen und suchten das Meer ab, mit ihren ausgestreckten Nacken und unerbittlichen Augen. Von Zeit zu Zeit wollte einer der Vögel etwas im Wasser erspähen oder ahnen und, in der Luft wendend, verdrossen untertauchen und unter der Oberfläche verschwinden. Wir konnten den Wasserstrahl sehen und hörten das Platschen des schweren Körpers. Und dann, nach einem unglaublich langem Zeitraum, kam er wieder hoch, mit nichts im Schnabel, glitt einen Moment auf dem Wasser, erhob sich mit sichtbarer Anstrengung, kreiste für einige Minuten und stieg dann in die Luft, um sich wieder seinen Gefährten in ihrem immerwährenden hoffnungslosen Streben anzuschließen. Dieses Untertauchen des Tölpels nennen die Insulaner »*buala*«, »Schlagen«, und es ist ihr Test, ob Fische da sind. Wenn der Schwarm gekommen wäre, hätte man die Luft voll von großen Vögeln gesehen, gleitend und fallend, fallend und gleitend den ganzen Tag lang. Aber jetzt war es klar, dass es wenig Fisch im Meer gab. »*Nil an t-iasg ann, mar dá mbeadh sé ann, bheadh an buachail sin ag buala go tiubh,*« sagte mein Kumpan: »Es sind keine Fische da, denn, wenn sie da wären, dann würde der Kerl stark und schnell zuschlagen.«

Endlich verlor ich die Geduld, besiegt durch die Trägheit des Tages, und ich lief von der Mauer aus herunter und wandte mich dem Hügel zu. Hier auf der rauen Straße, die zur Schulter der Insel hoch geht, gab es einen Anschein von Aktivität. Auf der Länge der Anhebung waren Esel aneinander gereiht, jeder gefolgt von einem Mann oder einem Kind. Die ganze Prozession bewegte sich aufwärts mit bewusster und schmerzhafter Langsamkeit. Manchmal, mit fast ritueller Geste, ließ ein Mann seine Hand auf das Hinterteil seines Esels fallen, nicht in der utopischen Erwartung allerdings, damit seine Geschwindigkeit zu erhöhen, denn die Esel der Insel laufen nur im ersten Gang, aber in einer gütigen und freundlichen Förmlichkeit, die auf beiden Seiten wohl verstanden wird. Allmählich schwand der Fries aus Mensch und Tier hinter der Bergschulter. »Ich werde helfen gehen, den Torf zu holen«, sagte ich. »Du wirst wahrscheinlich nicht viel Hilfe bringen«, sagte der Pessimist an meiner Seite, »aber geh nur, es ist ein schwüler Tag und da wird es hinter dem Berg ein großes Palaver geben.« Ohne ein weiteres Wort drehte ich mich um und folgte faul der Straße nach oben.

Diese Straße wurde von den Insulanern selber gebaut, unter der Leitung eines Vorarbeiters von der »Kommission für übervölkerte Distrikte«, im Jahre 1910. Ich habe guten Grund, mich an dieses Datum zu erinnern, weil es mein erstes Jahr auf der Insel war und ich auch Straßenarbeit verrichtete, schwang ungeübt einen Pickel, mitten im Spott der anderen, und ich mir lange Zeiten der Ruhe nahm, um meine wehen Arme zu pflegen.

Die Straße schlängelt sich den Hügel hinauf, über den Häusern, und verläuft nach einer Kehrtwende etwa eine Meile geradeaus und hört zwischen dem steilen Bergabhang und den abfallenden Klippen auf. Beim Gehen entfaltet sich unter einem das ganze immense Panorama der Dingle Bucht und die langen Linien der Hügel brechen nach und nach über dieses weite Feld bewegten Wassers herein. An diesem Septembertag, als wir die Straße westwärts liefen, schwanden die Morgennebel langsam in der Luft und die Sonne kam mit einer fast unerträglichen Helligkeit heraus und brachte Farbe und Unterscheidung in die graue und bebende Monotonie des frühen Morgens. Die Linien der Hügel traten gegenüber dem blauen Himmel schärfer hervor und der lange bewegliche Körper des Wassers schwamm und glitzerte und variierte in tausend Farbtönen, während die weißen Wolken darüber trieben und kleine lokale Windstösse über die Kräuselungen eilten und wieder vergingen. Unter uns rannte die Flut mit einem unerbittlichen Murren gegen die Felsen, aber aus der ganzen Ausdehnung der Bucht kam ein unbeschreibliches Geräusch, wie ein leichtes verlängertes Atmen, ein gigantischer jedoch ferner und gedämpfter Seufzer, diese besondere Stimme der Stille in den empfindlichen Winkeln des Sinnes, jenseits des Hörens.

An einem solchen Tag, aber zu früherer Jahreszeit, saß ich einst an einem Torfschober auf der Bergseite, während *Tomás* die Torfsoden an ihren Platz einpasste, mit sorgfältiger und erfahrener Hand. Ab und zu hielt er inne, lehnte sich über mich und füllte und entzündete die Pfeife. Wir sprachen über die Lieblichkeit des Tages und der Szenerie, als er plötzlich ausrief: »Wenn du um ganz Irland herum wandern würdest, wäre es schwer für dich eine genauso wunderschöne Stelle wie diese zu finden. Du kannst die Felsen der Skelligs und Valentia Island sehen, die Hügel von *Íbh Ráthach*, die Dingle Bucht und Slea Head, das vom irischen Festland am weitesten westlich im Meer liegt. Ein Stück dahinter ist der Mount Brandon, und um die Ecke *Cruach Mharthain*, das auch den Namen ›Bett von *Diarmaid* und *Gráinne*‹ trägt. Jedoch Diarmaid kam dorthin mit *Gráinne* nie, aber hier war die Station, wo er Wache für *Fionn* hielt, denn es gab einen Mann der *Fian*, der jede Bucht und Hafenstadt Irlands zu überwachen hatte. Um da herum ist auch Ventry, wo die *Fian* ein Jahr mit *Dáire Donn* kämpften, dem König der Welt, und mit allen Heeren der Welt. Stell dir vor, du sitzt hier an einem Sonnentag, an dem das Wasser sich an den Felsen rührt und die Fischerboote von Dingle aus in der Bucht segeln und du sagst zu dir selbst, es gäbe keinen schöneren Platz auf der Welt, ob Ost oder West. Und ich behaupte, dass dies auch für dich die Wahrheit wäre.«

Nun hatte ich die Gesellschaft eingeholt und wir bewegten uns langsam vorwärts. Ab und zu verloren wir einen aus unserer Gruppe, wenn ein Mann und ein Esel sich von uns trennten, um den Abhang hinauf zu steigen, wo der eigene Schober zur Bergflanke zeigte. Als wir schon ein Stück Weges zurück, der Insel entlang, gelaufen waren, kamen wir zu einer kleinen Gruppe von Männern, den König in ihrer Mitte, die im Gras lagen, sich sonnten und rauchten, während ihre Esel herumstreunten und grasten. »Es ist ein Parlament«, sagte einer der mit mir gehenden Männer, »und der König auf seinem Thron in der Mitte von ihnen.« Ich setzte mich zu ihnen und die Flut des Redens, die durch mein Kommen eine Weile unterbrochen war, nahm ihren ungestümen Fluss wieder auf. Sie hatten etwas miteinander diskutiert, was ich in der Nacht davor über die früheren Einwohner der Insel gesagt hatte. Einer von ihnen wandte sich mir zu, ein kleiner Mann, dessen Gesicht zu gleichen Teilen einen Ausdruck von Bauernschläue und einer intensiven verdutzten Überraschtheit besaß.

»Sie sagen mir, *Bláheen*«, sagte er (denn das ist der Name den ich auf der Insel habe; »*Bláheen*«, im Irischen ein Diminutiv für »Flower« = Blume)[5], »dass du gestern Abend gesagt hast, Menschen hätten auf dieser Insel vor tausenden von Jahren gelebt.«

»Ja, das stimmt«, sagte ich, »und es ist für mich ein Wunder, wie sie hier leben konnten.«

»Und wer sollte das gewesen sein? Ich habe gehört, die Dänen seien einst hier gewesen.«

»Ja«, sagte ich, »die Dänen waren einst hier, aber jene waren noch früher hier als die Dänen, Männer von Religion.«

»Bei meiner Taufe«, brach ein anderer ein, ein krummer Mann mit wandernden Augen, »du hast das Richtige gesagt. Es ist wohl so, dass ich weiß, wie sie zuerst hierher gekommen sind.«

»Und wie war das?«

»Es war so: Es gab eine verdammte englische Königin, Königstochter und Hure, die die Messe verweigert hat und überall Priester jagte und ihnen täglich den Kopf abschlug. Und es war so, dass einige der Priester vor ihr flohen und hierher zu dieser Insel kamen, um sich hier vor der Verfolgung zu verstecken, denn sie wollten nicht geköpft werden, was man ihnen nicht verübeln kann. *Eilís* hieß sie und sie war ein böses Weib.«

---

5 Man könnte »*Bláheen*« natürlich auch völlig adäquat auf Deutsch mit »Blümchen« übersetzen. Allerdings wäre darin dann doch eine gewisse Note der Respektlosigkeit, die es Flower gegenüber auf Great Blasket nie gegeben hat. Auch wenn man sich gelegentlich über seine schwache Physis, etwa beim Straßenbau, amüsierte, genoss er auf der Insel doch ein hohes Ansehen, das bis heute in der weit verstreuten »Blasket-Gemeinde« erhalten geblieben ist. Wir sind deshalb in dieser Übersetzung durchgängig bei »*Bláheen*« geblieben.

»Nein, so stimmt die Geschichte nicht«, sagte ich. »Es ist wahr, dass Königin Elisabeth Priester gejagt hat, aber es war eine große Weile vor ihren Tagen, dass die Männer von Religion hier auf der Insel lebten. Kennst du die Ruinen auf der hinteren Insel?«

»Klar kenne ich die, ›die hellen Wohnungen‹ (*na clocháin ghe-ala*)[6] nennen wir sie. Haben sie darin gewohnt?«

»So ist es. Und es gibt in anderen Gebieten Irlands Häuser wie diese. Gelehrte Männer haben herausgefunden, dass sie vor mehr als tausend Jahren gebaut wurden, Jahrhunderte bevor Königin Elisabeth auf die Welt kam.«

»Das kann niemals sein«, rief er aus, mit der Wildheit eines Mannes, der, nachdem er zu einer Theorie fortgeschritten ist, sie nun bis an der Welt Ende verteidigen muss.

»Wieso denn?« brach ein anderer aus, »wenn es doch *Bláheen* sagt, einer der alle Bücher der Welt gelesen hat?«

»Nun,« sagte der Skeptiker, »es kann schon sein, dass er seinen Wanst voller Bücher hat, aber, was in einem Buch geschrieben steht, ist nicht alles und, was noch mehr ist, in den selben Büchern kann man viele Lügen finden.«

Hier nun nahm der König die Pfeife aus dem Mund, spuckte ernstlich aus und sprach:

»Fürwahr, du bist ein eigensinniger Mann!« sagte er. »Denn nicht nur *Bláheen* sagt dies, sondern jeder Gelehrte und jeder Mann von Bildung: Sie sind sich alle darin einig. Und ich glaube, dass sie recht haben. Es waren große Steinhandwerker in den alten Zeiten. Sagt nicht das Sprichwort, dass nichts auf der Welt besser wächst als Dichtkunst und das Handwerk des Steinmetz'? Und die Männer, die diese Häuser ohne Mörtel und Kalk zusammengesetzt haben, die beherrschten, wenn jemand überhaupt, die Handwerkskunst der Steinarbeit.«

6 Im Stile der *clocháin* (engl.: beehive-huts; siehe Kapitel »Die hellen Wohnun-gen«, S. 45 ff.) erbaute Lagerhütten, mit nur der Tür als Öffnung.

Das erledigte die Sache, denn ein Sprichwort ist ein endgültiges Argument, dem nichts mehr zu entgegnen ist.

»Und hast du Geschichten über die Dänen?«

»Ja«, sagte ich, »und mehr noch, die Insel hat aus dieser Sprache ihren Namen.«

»Wie kommst du darauf? Ihr Name ist doch *An Blascaod Mór*. Ist das nicht Irisch?«

»Das ist der Name, den sie jetzt und schon eine ganze Weile besitzt, aber sie hatte in alten Zeiten einen anderen Namen.«

»Und woher weißt du das?«

»Nun, ich fand es so heraus: Vor langer Zeit, noch bevor es Landkarten oder Straßenpläne gab, wie wir sie jetzt haben, gab es Männer in Italien, die Karten von den Küsten der Welt machten, damit ihre Schiffe sicher an ihnen vorbei kamen. Und sie schrieben die Namen der Städte und Inseln an den Küsten nieder. Und auf den Ältesten dieser Karten wird der Name der Insel mit ›Brasker‹ angegeben – und das ist der Name für ein gezacktes Riff oder Felsen in der Sprache, die die alten Dänen redeten.«

»Da gehört aber große Erfindungsgabe dazu, so etwas heraus zu bekommen. Ich erinnere mich, dass der Norweger, der einst hier war – Marstrander hieß er und war ein feiner Mann – dass er einen Stein mit einer Inschrift fand, wie es sie in alten Zeiten gab, und er sagte, seine eigenen Leute hätten das geschrieben. Und er pflegte zu sagen, dass es schade gewesen sei, dass seine Leute nicht unter der Obhut Irlands geblieben seien, sonst wären die Engländer niemals hineingekommen.«

»Nun, das mag sein, wie es will«, sagte ich. »die Welt erfährt manche Veränderung und ein Volk kommt hoch und ein anderes geht unter. Ich habe von diesem Stein gehört und ein Bild davon gesehen. Einige sagen, es sei in der alten Geheimschrift geschrieben und andere verneinen es, aber es gibt kein abschließendes Urteil, weil der Stein seit langem verloren gegangen ist. Sei es, wie es sein mag: Die Männer aus dem Norden waren hier und ebenso auf dem Festland, denn es gibt Namen von Orten – Smerwick, *Naile na nGall* und Gallarus – die durch sie oder von ihnen benannt wurden. Und darüber hinaus wird erzählt, dass einer ihrer großen Häuptlinge im katholischen Glauben auf den Skellig Inseln da drüben getauft worden ist.«

»Das ist ein großes Wunder. Aber erzähl mir: Wenn die Dänen einst hier waren, wie kamen sie wieder heraus? Denn es ist ganz sicher, dass es hier keine mehr gibt – und das schon seit sehr langer Zeit.«

»Niemand weiß es richtig, wie sie gingen, aber es gibt eine Geschichte darüber, die *Tomás* mir erzählt hat.«

»Sicher, *Tomás* hat den Kopf voller Geschichten, und eine schöner als die andere. Wie heißt sie?«

»Hast du je vom Heidebier gehört?«

»Aber sicher.«

»Gut, dann weißt du ja, dass es das Bier war, das die Dänen aus Heide und einer Wurzel machten, die zwischen der Heide wächst. Und die Wurzel hat die Eigenheit, dass Vieh davon fett wird und eine glänzende Felldecke bekommt. Und von diesem Bier als ausschließlicher Nahrung, aus Heidespitzen und dieser Wurzel gemacht, kann ein Mann sich ernähren.«

»Das ist kein Wunder, wenn sie so einfach lebten, dass sie nur dies als Nahrung wollten.«

»Nun, am Ende wurden alle Dänen getötet, bis auf zwei Mann, ein Vater und ein Sohn, und das Geheimnis des Heidebiers wurde vom Vater an den Sohn weiter gegeben. Und zuletzt nun war es diesen beiden überliefert worden und kein anderer lebender Mensch kannte es. So brachten die anderen diese beiden auf die Spitze der höchsten Klippe der Insel und fragten, ob sie ihnen das Geheimnis des Heidebiers erzählen würden, oder, wenn nicht, hinunter mit ihnen in das Meer. Nun, der Vater bat den Führer der anderen auf

41

ein Wiesenstück beiseite und sagte, wenn sie seinen Sohn herunterwerfen würden, sei er bereit das Geheimnis zu erzählen, denn er schäme sich, dies vor dem Jungen zu tun. So nahmen sie den Sohn und warfen ihn hinunter. Da aber sagte der Vater: ›Werft mich auch hinunter, denn ihr sollt niemals das Geheimnis des Heidebiers erfahren.‹ Und sie warfen ihn hinunter.«

Der allgemeine Seufzer der Bewunderung, der die dramatische Lösung dieser Geschichte begrüßte, wurde von einer traurigen Stimme unterbrochen, die sagte: »Das war eine große Sünde von ihnen, das Geheimnis eines so guten Getränks mitzunehmen. Was nützte es ihnen, wenn sie doch tot waren?«

Einen Augenblick später, als sei das ein Signal gewesen, standen alle Sprecher dieses »Bergparlaments« auf und der König sagte noch nachdenklich: »Nun, Reden hat bis jetzt den Torf noch nicht heim gebracht.« Jeder nahm seinen Esel und sie zerstreuten sich langsam über den weiten Bogen des mit Schobern gepunkteten Hügels.

Am Ende blieb ich alleine zurück, saß mit dem Rücken zu einem Felsen und meine Hände umfassten meine Knie. Als ich über die Bucht schaute, wo die Fischerboote von Dingle an der Arbeit waren, dachte ich, wie schwach und trügerisch die Erinnerung doch sei, die Generationen von Menschen hinterlassen. Kaum von mehr Substanz als diese vom Wind verursachten Rinnsale und Strudel, die für einen Augenblick die unveränderliche Oberfläche des Wassers kräuselten, um wieder abzuebben, hinein in die weite Gleichgültigkeit des Ozeans.

Einsamkeit

Sie konnten den Torf nicht stapeln in diesem nassen Frühling,
Und die kalten Nächte waren eisig in unserem Gebein,
So verbrannten wir Ginster und den rostbraunen Farn.
Alleine stieg ich den Hügel hinauf
Und sammelte an der alten Burg in der Sonne
Rotfarn und knisternden Ginster.
Bei der Arbeit kam Nebel auf vom Meer
Und nahm die Welt hinweg,
Ließ mich vereinsamt in der hohen Luft,
Wo mit Gräben umgeben leise »An Dún«[7] auf dem Hügel
    brütet.
Ich weiß nicht, welche Gestalten im Nebel waren,
Aber Einsamkeit wurde noch öder
Durch manch wieder erstandene Erinnerung der Erde,
Die sich um meine Einsamkeit versammelte,
Und meinen lebendigen Atem bedrohte mit den Toten.
Laut hätte ich schreien können vor der Schärfe der Furcht,
Aber der Nebel verdünnte sich, verblich und die Sonne
Kam auf einen raschen Schritt hindurch.
Sie gingen vorbei, die schattenvollen Drohgeister,
Und die große Gemeinschaft der Berge Irlands,
Brandon und Slemish und die geringeren Brüder,
Standen aufrecht in der hellen Luft,
Und auf der anderen Seite des Meeres
Brandete und schimmerte der grenzenlose Atlantik.

---

7 Hier steht im englischen Original »doon«, ein Wort, das in keinem einschlä-
gigen Wörterbuch zu finden ist. Es bedurfte der Hilfe von Mícheál de Mórdha vom Blasket Heritage Centre um Aufklärung zu finden. Er schrieb mir:
»»Doon‹ ist eine phonetische Anglisierung von ›Dún‹. Einer der bekanntesten
Ortsnamen auf Great Blasket ist ›An Dún‹, das hoch auf einer nackten Klippe

Brendan[8]

Manchmal träume ich, die ganze mit Felsen gegürtete Insel
Sei geschmückt mit bleichen Gräsern und hohen Farnen
Und schmackhaften schwachfarbigen Blüten an den Klippen,
Körperlos auf dem Meer gleitend,
Wie der empor geschleuderte Rücken
Des riesigen Fisches Iasconius, wo der viel Gewanderte,
Viel Fährnis hinter sich habende Brendan das Ostern feierte,
Jahr auf Jahr der langen Pilgerfahrt.
Denn dies ist das Meer Brendans,
Und dahinter, Wolken verhangen, Brendans Berg
Einsam am Himmel steht.
Hier grübelte er nach über den seltsamen Glanz
Der ihn leitete, von Insel zu Insel, verloren
Im undeutlichen, unwegsamen, unbefahrbaren Meer,
Bis ins Zwielicht des Polarmeeres,
Wo riesige Eisberge, gespenstisch am geisterhaften Himmel
Sich auftürmten über seinem zerbrechlichen Boot,
Und an eine schimmernde Zinne klammerte sich
Eine in Ketten liegende brütende Gestalt,
Iskarioth, hatte die Länge eines Tages der Hölle entrungen.

thront, ungefähr ein Drittel des Weges zum Ende der Insel. Jetzt ist es nur noch ein Steinhaufen und das meiste der ursprünglichen Struktur scheint ins Meer gefallen zu sein. Wahrscheinlich, so jedenfalls meinen die Archäologen, war es vor langer Zeit eine Vorgebirgsfestung mit der Form einer 8.«
Wie sehr Flower dieser Insel verbunden war, wird dann noch aus dieser biographischen Mitteilung von de Mórdha deutlich: »Flower hing sehr an *An Dún*. Einige Zeit nach seinem Tod wurde seine Asche in *Claiseacha an Dúna* (den Höhlen von An Dún) verstreut.«

8 Nach dem Heiligen Brendan ist der Mount Brandon, der höchste Berg der Dingle-Halbinsel benannt. Brendan wurde 484 n.Chr. ganz in der Nähe, in Fenit bei Tralee geboren und starb 578 in Clonfert. Weltberühmt wurde er

DIE HELLEN WOHNUNGEN

Ich machte mich wieder zum Hügel auf und schlug den Weg ein, der dem Abhang entgegen liegt, und stieg langsam zum Gipfel der Insel empor. Dort, fast auf dem höchsten Bergkamm, wo das Land abrupt zur See hin abbricht, hat ein vorzeitliches Volk, noch vor jeglicher Geschichte, seinen Hochplatz errichtet. Sie nutzten die Klippenecke für die der See zugewandte Front des »Dún« und hatten einen halbkreisförmigen Festungsgraben gezogen, um ihre Siedlung zum Land hin abzugrenzen. Und durch eine Öffnung der inneren Mauer dieses Festungsgrabens hatten sie einen kleineren Graben angelegt, der den Innenraum in zwei gleiche

durch den legendarischen Bericht über seine Reise zum Paradies: »St. Brandans wundersame Seefahrt«, auf den sich Flower in seinem Gedicht bezieht. Der mittelhochdeutsche Text ist in einem um 1460 entstandenen Sammelkodex enthalten, der heute in der Handschriftenabteilung der Universitätsbibliothek Heidelberg aufbewahrt wird. Eine Übertragung ist 1987 im Insel-Verlag erschienen. Die Legende ist aber viel älter. Die älteste handschriftliche Version stammt aus dem 12. Jahrhundert in den Niederlanden: »Des Reis van Sint Brandaen«.
In der Legende kommt auch das Seeungeheuer Iasconius vor, ein riesiger Fisch, der von Brendan und seinen Mönchen irrtümlich zunächst für eine Insel gehalten wird.
Ob Brendan wirklich ein Vorläufer des Kolumbus bei der Entdeckung Amerikas war, mag hier dahingestellt bleiben. Jedenfalls soll sich Kolumbus bei seinen Reiseplänen auf Brendan berufen haben.
Feststeht, dass es für solche Berichte in Irland ein Genre gab: Im »imrama« erleben die Helden eine Reihe von Abenteuern auf einer Schiffsreise, z.B. in der viel früheren Schrift »The voyage of Bran«. Im religiösen Kontext erhält die Schiffsreise einen asketischen Aspekt der Isolation, wie bei den Höhlen der Eremiten und einsamen Felseninseln wie Skellig Michael.

Hälften teilte. Das Ganze bildet eine Klippenburg, wie sie in dieser Art entlang des Bogens der Meereswand von Süd- und Westirland geläufig ist.

Wir wollen es den Historikern vorgeschichtlicher Zeiten überlassen, zu fragen, wer diese dunklen und fremdartigen Leute vor der Ankunft der Kelten gewesen sein mögen, die verschwanden und nur wenig mehr als diese weiten Muscheln hinterließen, in welchen sie lebten und die zu ihrer Erinnerungsstätte wurden. Wir können nicht zu ihren Gedanken vorstoßen, die sie bewegten, als sie über die Klippenwand hinausblickten über das uferlose Meer in die Abendsonne. Mag sein, dass wir, wenn wir uns an ihre Stelle versetzen, und alle Erinnerungen unserer jungen Zivilisationen vergessen, uns selbst verlassend für eine nicht angeleitete Leichtigkeit des Fühlens, manch Schatten von ihren Gedanken unsere Sinne streifen kann, außerhalb unseres trügerischen Begreifens, so dass sie für einen Augenblick wieder leben in den spätesten ihrer Nachfolger. Dort stehend, als die Meeresnebel über die Insel zogen und die sichtbare Welt ausschlossen, da habe ich manchmal das Bewusstsein der Präsenz dieser Erde verloren und das Illusionäre anderer Präsenzen in den sich kräuselnden Wirbeln der Wolken empfunden. Mein Sinn wurde erfüllt von zarten Gedanken, so substanzlos wie der Nebel selbst, und bekannt ist jener Terror der Einsamkeit, in dem die größte Furcht ist, wir wären nicht ganz allein. Aber die zerbrechlichen Nebel schwinden rapide in der Sonne und das Licht des Lebens wird diese gespenstischen Erinnerungen zurück in die Tiefen des Geistes scheuchen, die ja älter sind als wir selber, das Leben unterhalb der Oberfläche unserer Gedanken.

Der »Dún« hat noch andere Einwohner gehabt, als seine ersten Erbauer. Grob gehauene Steine, in der Erde versteckt, geben Zeugnis von späteren Gebäuden, und das könnten jene »Männer von Religion« gewesen sein, deren Konstruktionen auch anderswo auf der Insel immer noch bestehen, wie auch auf den anderen Inseln der Gruppe.

Es mag auch einige Wahrheit in jener Überlieferung der Insulaner sein, die so vertrauensvoll annimmt, die Dänen hätten hier gewohnt. Dass die Männer aus dem Norden auf der Insel gewesen sind, mag als sicher gelten. Sie können kaum davon abgesehen haben, diesen mächtigen Platz zu nutzen, der sowohl die landwärts, als auch die seewärts gewandten Berghänge beherrschte. Die Geschichte aber erzählt uns nichts von dieser Besetzung und kein Bauwerk besteht noch, die Lücke schriftlicher Aufzeichnung zu füllen.

Unterhalb der Burg fällt die scharf abfallende Felswand auf eine flache Stelle, die mit Heidekraut, Farn und Seenelken überwachsen ist und von erlesenen und schwachfarbigen Inselblumen bedeckt. Diese Stelle nennen die Insulaner, mit einem glücklichen Instinkt den »Garten des *Dún*«. Ein hinausführender Pfad zur Linken wandert die Klippe herunter, und, wenn man keine Höhenangst hat, kann man ihm folgen und kommt dann zuletzt zu einem Loch unter einer flachen Felskante, namens *Sgairt Phiarais*, Höhle des Pierce. Hier, sagt die Überlieferung, habe sich Pierce Ferriter, Dichter und Krieger, vor seinen Feinden versteckt. Über den Aufenthalt des Pierce in der Höhle und das Gedicht, das er dort schrieb, wird noch zu reden sein.

Ein anderer Pfad führt am Klippenrand entlang und steigt auf zum Gipfel des *An Cró,* dem höchsten Punkt der Insel. Unten am Meer, sind »die hellen Steinwohnungen« (*na clocháin gheala*), bekannt schon aus jener Unterhaltung auf dem Hügel. Überall auf dem Boden liegen lose Steine herum, und es liegt auf der Hand, dass es zu seiner Zeit hier eine bedeutende Siedlung gegeben haben muss. Mag sein, dass eine Ausgrabung die Grundmauern einer Kirche enthüllen würde, aber eine oberflächliche Untersuchung bringt für das ungeübte Auge keine Evidenz für ein solches Gebäude hervor. Weiter unten dem Meer zu gibt es eine kleine Gruppe von Ruinen, deren Form noch erkennbar ist. Das sind Bienenkorb-Hütten gewesen vom üblichen irischen Typus. Von einem gibt es noch beträchtliche Reste, mit einer sehr interessanten Form. Das Gebäude ist halb in der Erde vergraben und wenn man es untersucht, findet man, dass es ursprünglich aus zwei Räumen bestand, abgetrennt voneinander durch eine Innenmauer und eine niedrige Türöffnung. Andere Überreste sind für eine Beschreibung zu bruchstückhaft.

Keine Aufzeichnung oder Überlieferung ist geblieben, die erzählt, was für Menschen hier wohnten, als die Gebäude neu waren. Aber andere solcher »clocháins« gibt es auf *Inis Tuaisceart* und *Inisicíleáin,* und es kann kaum ein Zweifel bestehen, dass sie kirchlichen Zwecken dienten. Dies ist das Land von Sankt Brendan. Dort über das Wasser ist der große Berg, der nach ihm benannt wurde, wohin die Leute vom Lande auf Pilgerfahrt gehen, um alle ihre Gebrechen zu heilen. Und jenseits von Sybil Head ist die Bucht, von welcher er nach ihrer Überlieferung sich auf machte zu seiner wilden Atlantikfahrt, an herrlichen Inseln vorbei reisend, um zuletzt zu jener Eisbergspitze zu kommen, wo Judas Iskarioth einmal im Jahr Tröstung findet von den Schmerzen der Hölle.

Es gibt eine andere Geschichte, die in einem Manuskript des 15. Jahrhunderts gefunden wurde: Dass ein Pilger aus diesem Gebiet in alter Zeit nach Rom ging, dort blieb und eine Tochter Roms heiratete. Er zeugte einen Sohn, der später der große Papst Gregor werden sollte, Gregor von den Gälen, Gregor Goldmund. Die Einheimischen der päpstlichen Stadt haben, wie wir wissen, in dieser Sache eine andere Meinung, aber das ist zweifellos purer Lokalpatriotismus. Wie auch immer: Als Papst Gregor seinem Ende nahe war, gab er die Anweisung, dass, wenn der Atem seinen Leib verlassen hätte, der Leichnam in einen Sarg eingeschlossen und sein Name leserlich darauf eingeschrieben werden sollte. Der Sarg sollte dann dem Tiber übergeben werden. So ward es getan und der Tiber trug die reiche Fracht zum Mittelmeer, die Strömung spülte sie durch die Säulen des Herkules und nach langer Reise wurde sie an die Küste der Aran-Inseln geworfen. Dort fand der goldmundige Papst seine

Beerdigung, ein Ire in irischer Erde. Als Zeugnis dieser Tatsache hat eine der Meerengen Arans bis auf den heutigen Tag den Namen Gregory Sound.

Überall an den Küsten der Bucht von Dingle sind heilige Orte: Die Kapelle von Gallarus, ein Wunderwerk von Gebäude, immer noch vollständig und unbeeinträchtigt; die Kirche von Kilmalcadar und die heilige Pyramide von Skellig Michael. Es gibt die Vermutung, dass es eine Verbindung zwischen den Ruinen auf Great Blasket und den vollständigeren Überresten auf Great Skellig gibt, worüber eine lokale Überlieferung sagt, dies sei eine Büßersiedlung von einem Kloster auf dem Festland gewesen, Sankt Michael gewidmet. Das mag so sein, aber man denkt doch eher an andere hohe Orte der Anrufung des heiligen Michael: Monte Gargano, »St. Michael in Seenot« an der bretonischen Küste und den Berg von St. Michael in Cornwall. Hier in diesen felsigen Zufluchtsorten, dem Krieger-Engel verehrt, mögen die Eremiten wohl daran gedacht haben, dass ihre lange Schlacht gegen das Heer der Dämonen an diesem Ort am besten ihren Abschluss fände. Abgeschnitten von allen leichten Wegen der Welt, mit all den Fragen des Lebens darauf reduziert, in dieser grausamen Isolation eine unerbittliche Auseinandersetzung zwischen Gebet und Fasten zu führen, opferten sie sich auf für ihre Freunde in einem weißen Märtyrertum äußerster Entbehrung.

Es ist schwer für uns, in einer Welt, die anderen Wegen gefolgt ist, durch so viele Jahrhunderte zurückzufinden zu so leidenschaftlichen und unvernünftigen Vereinfachungen. Aber hier, in der Arena ihres Kampfes, wenn man in diesen ärmlichen Hütten aus grobem Stein steht, können wir die Hand auf die zerbrochene Mauer legen, und dadurch können wir Kontakt bekommen zu dieser eifrigen Hingabe, die sich teilweise für uns enthüllt. Diese Männer mussten nicht in die Welt hinausgehen, um ihre Widersacher zu finden. Die ganze Luft bis zum Himmel war für sie voll von dem schwarzen Heer Satans, das jeden Augenblick ihrer Tage belagerte, beim

Wachen, Schlafen, Stehen, Sitzen, Gehen oder Ruhen; versteckt hinter jedem Gedanken, herein kriechend durch alle Prachtstraßen der Sinne.

So bedrängt, war die wichtigste Verteidigungsmauer die fortwährende und erwartungsvolle Rezitation der Psalmen, die Kriegsgesänge der universalen Kirche. Und zu diesem sicheren Schild fügten sie eigene Gebete und Litaneien hinzu, die das Zeichen dieses dringlichen Krieges tragen. Diese Litaneien, die keinen gemeindebezogenen Charakter haben, sind die charakteristischen Überreste der alten irischen Kirche. Es kann nicht zweifelhaft sein, wenn in der Tat diese Ruinen die Heimstatt irischer Mönche waren, dass sie leidenschaftliche Stimmen gehört haben müssen, immer und immer wieder sich wiederholend, in den Höllenqualen der geistlichen Schlacht, Gebete und flehende Bitten, die sich kaum von all denen unterscheiden dürften, die auf uns gekommen sind auf dem von der Zeit gefärbten Pergament unserer Handschriften. Und der Gedanke gefällt mir, dass das Gebet von *Maelísa Ó Brolcháin*, in welchem er Sankt Michael anruft, mit ihm in Leben und Tod zu sein, in einem späteren Zeitalter denselben Schrei verkörpert, der aufstieg von diesen Felsen, als die »hellen Steinwohnungen« noch neu waren und die Eremiten-Mönche in See- oder Teufelsnot, den Waffen tragenden Erzengel anriefen, um gegenwärtige Hilfe in ihrer Zeit des Elends:

Hither flying,	*Fliegend bei mir sei,*
Michael of the miracles,	*Michael der Wunder,*
Bear to God my crying.	*Trag zu Gott den Schrei.*
Dost thou hear?	*Kannst mich vernehmen?*
Seek of gracious God	*Such des gnädig Gott*
forgivenes	*Vergeben,*

Of my sinning vast and drear	*Soll meine Sünden von mir nehmen.*
Make no stay,	*Bleib nicht stehn,*
Carry all my love and longing	*Trag all mein Lieb und Sehnen,*
To the God of Gods away.	*Der Gott der Götter soll es sehn.*
Swiftly bring	*Schleunigst bring*
To my soul thy help and housel	*Meiner Seele Hilf und Halt,*
When from prison it takes. wing	*Wenn sie aus dem Gefängnis spring.*
Come with might	*Komm her mit Macht*
To the soul that waits and wonders,	*Zu der Seele, die wartet und wundert,*
All the angel hosts in flight!	*All der Engel Heere wacht!*
Warrior saint,	*Krieger, heilig, O behüte*
'Gainst the whole world's crooked cunning	*Vor der Welten lausig List,*
Give me courage when I faint.	*Gib mir Mut, wenn ich werd müde.*
In good will	*Dein guter Wille*
Scorn not thou my painful praying,	*Schilt nicht mein leidvolles Gebet,*
While I live be with me still.	*Solang ich leb, sei mit mir stille.*

Thee I crave;
Free at last my sinful
    spirit,
Mind and heart and body
    save.

My pleader be,
When in that last battle
    breaking
Antichrist is slain by thee.

Die Bitt ich hätt:
Befrei am End den sündig
    Sinn,
Verstand und Herz und Leib
    errett.

Fürsprecher mir sei,
Wenn die letzte Schlacht
    anbricht
Und vom Teufel wir bald frei.

DAS DORF

Wenn man auf Great Blasket unten vom Meer oder oben vom Hügel Ausschau hält, sieht man die vollständige menschliche Ansiedlung so klar und deutlich, wie auf einer Relief-Landkarte. Jedoch in den wenigen Jahren, in denen ich die Insel kennen lernte, hat sich das Erscheinungsbild dieser Siedlung entscheidend verändert – mehr noch, wahrscheinlich, als in allen voran gegangenen Jahren seiner Existenz zusammen. Ich kam zum ersten Male im ersten Jahr dieser Veränderung. Nach manchen merkwürdigen Abenteuern mit Grundbesitzern und ihren Agenten – die Grundbesitzer waren manchmal anständige Männer, so wird erzählt, aber die Agenten waren ohne Ausnahme alle Teufel – war die Insel von der »Kommission für übervölkerte Distrikte« (CDB = Congested Districts Board) übernommen worden, und machte nun jene Entwicklung durch, die als »striping« überall im Westen bekannt wurde. Das alte mittelalterliche Gemeinschaftsfeld-System, bei welchem ein Mann Landstreifen (strips) besaß, die über die ganze Fläche zerstreut waren, in einer Art und Weise, die nur noch für kundige Experten identifizierbar war, dieses alte System wich nun in einem Augenblick jenem System, bei dem jede Familie ihr Land in zusammengefassten Blöcken von Ackerland und Weide besaß. Man kann sich vorstellen, welch erfindungsreicher und komplizierter Prozess der Rechtsprechung durch diese Veränderung erforderlich war.

Eine der Tatsachen in meinem Leben, die ich besonders bedaure, ist es, dass dies passierte, als meine Kenntnis des Irischen so rudimentär war, dass ich den Argumenten, die um mich herum ausgetauscht wurden, nicht folgen konnte. Die Konversationsoberfläche der Insel glich, wenn mir die Bezeichnung erlaubt ist, einem im Sturm befindlichen Meer. Ich konnte sehen und hören, wie die Wellen hoch gingen und ihre schäumenden Kämme der Rhetorik abwarfen unter den Winden der Leidenschaft. Aber ich verstand so wenig vom Inhalt des Tumults, wie einer das kann im Lärm wütend gewordenen Wassers. Jeder Mann hatte eine freundliche Bewunderung für die Qualitäten und die Eigenheiten seines Landstreifens: Wie sie in allen Wettern zu behandeln waren, wie wasserdurchlässig sie waren, wie Kartoffeln und Hafer darin am Besten wuchsen – ein ganz vielschichtiges System überlieferter Kenntnisse, vom Vater zum Sohn weitergegeben, wodurch allein der geizige, unfreundliche Erdboden anscheinend davon zu überzeugen war, ihnen ein Auskommen zu gewähren.

Dies alles würde nun weichen und niemand würde zufrieden sein, wenn die neuen zusammengelegten Zuteilungen nicht in gerechtem Verhältnis zu all den verschiedenen zerstreuten Landstreifen kombiniert würden.

Das Werk war schon fortgeschritten als ich kam und ich entdeckte nur dunkel wie in einem Fernglas die Umrisse dieser Veränderung. Es hat lange gedauert, bevor der Lärm der Debatte zur Ruhe kam. Aber nun ist, wie ich denke, das alte System so gut wie vergessen und die Gewöhnung an das Neue hat das Echo auf diesen Sturm zur Ruhe gebracht. Denn die zusammengefassten Felder sind einfacher zu bestellen und die verbesserte Umzäunung hält die Wildtiere zuverlässiger von den Feldfrüchten fern, als in früherer Zeit. Die in der Nacht umherstreifenden Esel werden auch jetzt noch manchmal über die neuen Mauern springen, dem Stacheldraht zum Trotz, um die Frucht des jungen Hafers zu vernichten. In den alten Tagen aber waren die Felder viel schlechter zu verteidigen, auch dann, wenn ein Mann seinen Besitz insgesamt durch eine solche Umzäunung verteidigt hatte, wie es zuweilen geschah. *Tomás* hatte eine eigenartige Geschichte von einem Fohlen zu erzählen, das die eine Meile zwischen *Beiginis* zur Großen Insel durchschwommen hatte und ein ganzes Feld Hafer vernichtete, bevor seine Invasion bemerkt wurde. Die Geschichte geht so:

»In alten Zeiten lebte auf Western Island ein kleiner Bauer. Er hatte einen guten Acker, auf dem Hafer wuchs und er hatte ihn gut abgezäunt, sodass kein vierfüßiges Tier, wie er sich dachte, nahe kommen würde. Für eine Weile nahm ihn diese Umzäunung in Anspruch, denn alles, was er anbaute, sowohl Kartoffeln und Hafer, war auf eben diesem Feld. Als alles richtig eingerichtet war, konnte er zufrieden sein. Er sah sich eine Zeit lang seine Frucht noch nicht einmal an, in der Annahme keine Kreatur könne den Wall überwinden. Eines Tages aber ging er zu seinem Haferfeld. Seine Augen wurden starr, als er es sah: Alles war durcheinander, zerbrochen und zerschlagen und das Meiste darauf war aufgefressen. Er kam nicht so freudig nach Hause, wie er hinausgegangen war, und er sagte, der Teufel solle ihn holen, wenn er dies dem Wesen nicht heimzahlen würde, welches dies getan.

So weit so gut. Er machte sich bereit für die Nacht mit seinem guten Spieß, um gründlich aufzuräumen mit dem, der seinen Hafer vernichtet hatte, wer immer das auch gewesen sein mochte. Nachdem er so einen guten Teil der Nacht verbracht hatte, sagte er sich schließlich, dass jenes Wesen, wer immer das war, heute Nacht nicht kommen würde. So ging er um Mitternacht nach Hause und legte sich Schlafen. Er war noch nicht lange weggegangen, als ein Pferd nach ihm in den Hafer ging und eine große Menge fraß. Als der Bauer am Morgen wieder zum Haferfeld ging, sah er die frische Spur, die hindurchging. Ihm schwanden fast die Sinne, als er sah wie sein schönes Haferfeld vernichtet und von ihm nichts Gutes mehr zu erwarten war und er selbst hatte kein Jota einer Ahnung, wer das getan haben mochte.

In der nächsten Nacht schwur er den Eid, dass er auch diesmal den Hafer beobachten und nicht eher den Platz verlassen werde, bis es hell würde am Morgen. So geschah es auch. Fort ging es mit ihm in die Nacht und er streckte sich am Wall aus und wartete dort, in der Absicht, bis zum Morgen nicht zu schlummern und zu schlafen. Als er mehr als die halbe Nacht geschlafen hatte, warf er einen Blick auf das Feld. Und was musste er sehen?

Dieses Untier von einem Pferd nagte an der sprießenden Frucht, lang andauernd, stark und entschlossen! Er machte einen großen Sprung, nur mit dem Spieß bewaffnet, um ihm den entscheidenden Stoß zu geben. Aber er traf nicht und stattdessen wandte sich das Pferd von ihm ab und machte sich auf zum Meer. Unterhalb des Feldes war ein weißer Sandstrand und das Pferd hielt nicht an, bis es den Strand erreicht hatte – und der Mann dachte, es habe wohl gemeint, ein Sandrennen veranstalten zu müssen, nachdem es sich den Wanst gefüllt hatte. Er folgte ihm zum Strand hinunter und es dauerte nicht lange, bis er sah, dass das Pferd ins Wasser stieg und mutig auf das Meer losging. Da wurde der Mann grün und gelb vor Zorn bei dem Gedanken, das Pferd gefunden zu haben, das seinen Hafer vernichtet hatte und, dass er ohne Genugtuung nach Hause gehen musste.

Als er heim kam, fragten ihn Frau und Kinder, ob er in der langen Nacht etwas gesehen hätte. Er sagte, er habe ein Untier von Pferd im Hafer gesehen. Als er es rausgesetzt habe, sei es Richtung Weißer Strand geflohen. ›Ist es immer noch am Strand‹, sagte seine Frau. ›Nicht mehr‹, sagt er. ›Wo ist es denn hin gegangen?‹ sagte sie. ›In Teufels Namen‹, sagt er, ›meine einzige Furcht ist, dass es zu mir ins Haus kommt, wenn es den Hafer gefressen hat und es wird nicht lange dauern, bis es auch noch so weit kommt‹. ›Was für eine Farbe hat es denn?‹ sagt die Frau. ›Ich denke, es war schwarz‹, sagt er, ›aber es hatte einen weißen Fleck auf der Stirn‹. ›Bei allen Heiligen!‹ sagt der älteste Sohn, ›ein ähnliches Pferd grast in *Beiginis*, und bei meinem Leben‹, sagte er, ›es muss dasselbe sein, das jede Nacht herüberschwimmt, um deinen Teil des Hafers zu fressen. Und alle Wette‹, sagt er, ›wenn du morgen an den Strand gehst und nahe an den Hufabdruck herangehst, wirst du mehr als einen Hufabdruck sehen.‹ Er hatte recht. Als es Tag wurde kam sein Vater, ging hinunter zum Strand und, als er den Hufabdruck ansah, fand er dort eine weitere große Menge an Hufspuren. Er erkannte dann, dass es eines der grasenden Pferde war, und so war es auch. Das Fohlen gehörte einem Mann der Gemeinde Ventry. Nachdem er es erkannt hatte, warnte der Bauer diesen vor dem Pferd, und der musste kommen und es von *Beiginis* herunter holen, obwohl das Gras noch nicht zur Hälfte abgefressen war und er ja für die ganze Saison das Gras bezahlt hatte. Aber das brachte dem Inselbauern seinen Hafer nicht zurück, denn durch das Pferd erntete er in diesem Jahr keine einzige Garbe.«

Dieser Wechsel im System der Landwirtschaft wurde noch von einem anderen Wechsel begleitet, der noch weitgehender den Anblick der Insel vom Meer aus veränderte. Viele der Häuser, die sich tief in den Höhlungen des Bergabhangs verkrochen, waren mit der Zeit und der Beanspruchung verrottet, und so, wie ich mich an sie erinnere, waren sie kaum noch für menschliche Bewohnung tauglich. Und so sprach die Kommission den schlimmsten von ihnen das Urteil und plante den Bau neuer Häuser, weiter draußen zwischen Berg und bebautem Land. Die Häuser standen in einem scharfen Gegensatz zu dem älteren Typus. Die alten Häuser sind auf einen Haufen geworfen auf dem unterbrochenen Bergabhang über den Klippen, hingeschmissen ohne System, wo immer sich ein passender Platz bot und kleine steile Gassen verlaufen hierher und dorthin zwischen ihnen. Es sind Hütten des üblichen irischen Stils: Eine große rechteckige Muschel, gebaut aus roh behauenen Steinen, mit Lehm als Mörtel und gewaschen mit weißem oder gelbem Kalk auf der mehr oder weniger beanspruchten Oberfläche. Jetzt sind sie überdacht mit Holz, das mit geteertem Filz bedeckt ist, was aber nicht die alte Art und Weise ist. Die alten Männer erinnern sich noch, dass sie mit Stroh gedeckt waren, das durch die Regenfälle leicht verrottete und ein ständiges Tröpfeln – einen *an braon anuas* – durchließ, wovon so viel in den Sprichwörtern und den traditionellen Gedichten die Rede ist. Die Hühner pflegten auf das Strohdach zu flattern, angezogen von dem krabbelnden Leben, das dort schwärmte, und sie hatten die Angewohnheit, Löcher in das Strohdach zu machen und ihre Eier dort zu legen. Die alten Männer erinnern sich, dass sie als Kinder hoch geklettert sind, um die Löcher im Dach abzusuchen, um dann triumphierend zu ihren Müttern zu kommen, mit einer Handvoll Eier aus den sorgfältig versteckten Nestern. Es müsste wohl eine heißblütige Henne sein, die versuchen würde, ein Ei auf den schwarzen und glitschigen Filz von Heute zu legen. Die einzige Dekoration der Dächer sind nun die formlosen Holzplatten für gesalzenen Fisch – Dorsch, Brassen und Aal – der darauf liegt und in der Sonne trocknet, bis seine Farbe sich allmählich in ein schmutziges, unansehnliches Weiß verwandelt. Innen sind die Dachbalken frei sichtbar und an jedem Ende verläuft ein offener Dachboden in den Innenraum hinein, dicht unter dem Dachvorsprung. Der Dachboden am unteren Ende des Hauses ist der *an lochta* – der richtige Dachboden – während der *cúllochta*, der Hinterspeicher, über dem Herd ist.

Unter dem Hinterspeicher ist der Steinherd, mit seinem Torffeuer und, in den älteren Häusern, ein großer offener Rauchfang, durch den das Tageslicht trübe durch den Rauch scheint. Neben dem Herd steht eine galgenförmige Erhebung mit einem schwingenden Arm, von welchem der abgestufte Ständer herunter hängt, der es ermöglicht, den Kessel und die Eisentöpfe, die einzigen Kochwerkzeuge der Insel, auf verschiedene Höhen zu stellen. Unter dem Dachboden am tieferen Ende ist ein Zimmer abgeteilt, *an seomra*,

58

die Kammer, das Zimmer *par excellence,* wobei man beim übrigen Haus meistens von der Küche spricht. Dieses Zimmer enthält ein Bett, ein oder zwei Stühle, Waschutensilien und eine Truhe. Das Mobiliar der Küche ist genauso einfach, alles zum Gebrauch, kein Luxus: Eine Sitzbank, die auch als Bett genutzt werden kann und als Sitzgelegenheit tagsüber eine unbegrenzte Kapazität besitzt, ein Tisch der sich bei Bedarf als Sitz eignet, eine Anrichte, unten abschließbar, die gelegentlich als Hühnerstall dient und ein paar Stühle aus Holz oder gewobener Schnur. Die Wände sind gekalkt, in einigen Fällen gelb, oder gelb mit einer breiten rosa Abstufung nach unten, vom Fußboden reichend bis etwa zur halben Höhe eines Mannes, in anderen wiederum ein absonderlich kränklicher und trübsinniger Schatten von Rot.

Die gleichen Wanddekorationen erscheinen mit eintöniger Regelmäßigkeit in allen Häusern. Es gibt religiöse Bilder, von fahrenden Händlern gekauft, eine Jungfrau mit Kind, ein Christus mit leidensvollen Augen und reinem und flammenden Herzen, mit Dornen gekrönt, das Kennzeichen der Herz Jesu-Frömmigkeit, vor dem eine winzige Messinglampe immerwährend brennt, mit dünner Flamme durch rotes Glas scheinend. Diese sind in einer Art kommerziellem Realismus ausgeführt, geschmeidig, mit öligem Naturalismus. Ein Bild aber, das nun in den meisten Häusern erscheint, ist aus einer anderen edleren Tradition. Während der Unruhen hatte ein Publizist aus Dublin die glückliche Eingebung, einen Druck der »*Nostra Domina de Succursu*«, unsere Liebe Frau der Hilfe, zu produzieren: modelliert nach einem byzantinischen Original, eine Jungfrau mit Kind in hellen Farben auf einem Goldgrund mit griechischen Buchstaben, sich noch in tiefster Erniedrigung eine Atmosphäre unirdischer Würde erhaltend, welche diese strenge religiöse Gemeinschaft nie verlieren wird. Man muss weit in die Vergangenheit gehen, um ein besseres Beispiel für den Vorteil einer formalen gegenüber einer realistischen Tradition zu finden. Der Kontrast wird mit sogar noch schärferer Betonung in den Geschäftskatalogen deutlich, welche amerikanische Verwandte aus Springfield oder Holyoke[9] an ihre Familien auf der Insel heimwärts

9 Die Auswanderung nach Amerika ist zu großem Teil verantwortlich für die Entvölkerung von Great Blasket. Die Inselgemeinschaft hat sich aber auch in der Neuen Welt noch erhalten: In Springfield und Holyoke, Massachusetts, leben viele ehemalige Inselbewohner und ihre Nachfahren. Sie gehörten zu den irischen Emigranten, die vor allem als Arbeitskräfte für die Papiermühlen gesucht wurden und bildeten das städtische Proletariat. In Holyoke wurde der irische Emigrantenstrom gestoppt, um stattdessen Frankokanadier und Polen hereinzuholen. Die Iren waren den Unternehmern zu verdächtig, sich gewerkschaftlich zusammenzuschließen…
Dáithí de Mórdha – Sohn und Assistent des schon erwähnten Direktors des »Great Blasket Heritage Centre« Mícheál de Mórdha – erzählte mir in diesem Zusammenhang: Das Dorf auf Great Blasket besaß so winzige Gassen, dass nur eine Person nach der anderen hindurchkam. Als sie nach Springfield auswanderten, gab es dort bereits breite Straßen und Gehwege. Die Blasket-Emigranten wurden daran erkannt, auch dann noch nie nebeneinander, sondern immer hintereinander zu gehen.
Der heutige Bürgermeister von Holyoke (Stand 2007) heißt übrigens O'Sullivan, ein auf Great Blasket, allerdings auch sonst in Irland, nicht unbekannter Name.

senden, verziert mit Mädchen von einer albernen Schönheit, die sich über ländliche Tore lehnen oder auf hochbeinigen Pferden reiten, gepflegt bis zu unglaublichem Glanz.

Der Dachboden über dem Feuer ist überhäuft mit Werkzeugen des Inseldaseins: Netze, Taschen mit Wolle, Segel, Ruder, Leitern, Boote und Ziehharmonikas, Scheren zum Schafscheren und Tragkörbe für den Torftransport: ein Extrakt und eine Inhaltsangabe dieses ganz einfachen Lebens. Einige von ihnen überfluten auch noch den nächsten Speicher, aber der wird gemeinhin als zusätzlicher Schlafraum genutzt und getäfelt und erhellt durch ein Fenster im unteren Giebel.

So zeigt sich im Großen und Ganzen die Ausstattung und die Möblierung der älteren Häuser. Die neueren Häuser, von der Kommission erbaut, stehen einerseits im Kontrast zu der alten Mode, passen sich ihr andererseits auch wieder an. Das erste, was einen an ihnen erschlägt, ist das gänzliche Fehlen einer Annahme der auf der Insel herrschenden Bedingungen. Die älteren Häuser kuscheln sich, wie wir gesehen haben, hinunter zur Erde, aus Wind und Wetter heraus. Aber diese stehen kahl auf der nackten Hügelseite und der Wind und der Regen und die Gischt der Winterbrandung schlagen erbarmungslos auf ihre Oberfläche ein. Sie sind stabil aus Zement gebaut und an Stelle der Speicher haben sie ein oberes Stockwerk unter ihren Schieferdächern. Dieses Obergeschoss war für manche ihrer zukünftigen Einwohner ein Rätsel, als sie zuerst entworfen wurden. Ich erinnere mich gut, wie einer der Männer, obwohl er in Dingle oft Häuser von ähnlicher Machart gesehen haben muss, anfangs nicht dazu gebracht werden konnte, zu verstehen, was ein Obergeschoss bedeutete. Der Sitz seines neuen Hauses war draußen auf der Hügelseite markiert worden, und er wurde des Öfteren gesehen als verlorene Gestalt im Abendlicht, den nackten Torf innerhalb der Markierungen des Grundrisses abschreitend und zu sich selbst murmelnd, er würde betrogen, denn das Grundstück sei kleiner als das Areal des eigenen Hauses. Er konnte es nicht in seinen Kopf kriegen, dass die oberen Räume seine Unterkunft ja mehr als verdoppeln würde. Mit dem wenigen Irisch, das mir zur Verfügung stand, machte ich verzweifelte Versuche, das Geheimnis zu erklären, aber er war nie völlig zufrieden, bis die Mauern hochgezogen waren und er selbst sehen konnte, wie groß sein Gewinn war.

Diese fünf neuen Häuser standen in ungerader Linie ein wenig die Straße hoch, die über kultivierten Ackergrund führt und in der Nacht konnten die erleuchteten Fenster vom gegenüberliegenden Festland gesehen werden. Ihre nackte Durchschnittlichkeit ist einer der ersten Eindrücke, wenn man sich der Insel über den Sund nähert. Aber, wenn man eine der Türen öffnet und hineingeht, wird man finden, dass die Küche voll und ganz dem allgemeinen Typus angepasst wurde. Zwei Dinge sind anders. Der Fußboden ist aus Zement, an Stelle von Erde und Holzbohlen in den alten Häusern. Und gegenüber der Tür ist eine Holztreppe, die mit Handlauf zu den Schlafzimmern hochführt. Das ist ein großer Gewinn für die Sitzressourcen des Hauses und bei einer nächtlichen Versammlung, einem Tanz oder einer anderen Gelegenheit, sitzt eine ansteigende Reihe von Jungen und Mädchen von Treppenstufe zu Treppenstufe, bis am Ende das letzte Paar nur noch mit vier Beinen unter der Deckenhöhe sichtbar sind.

Das Restliche, die Möbel, die Bilder, die ganze Ökonomie und das Arrangement der Zimmer, sind alle ganz genauso wie in den älteren Häusern und nur das Brüllen des Windes an stürmischen Tagen erinnert einen daran, dass man unter einem neuen System lebt. Da aber die Häuser so hoch oben unter dem Einfluss der Windböen gelegen sind, ist das Feuer empfindlicher für die Windrichtung und wenn es von gewissen Punkten des Kompasses her bläst, füllt sich das Zimmer mit Rauch, der einen in der Kehle kratzt und ein Brennen in die Augen bringt. In anderer Hinsicht scheinen die Häuser bequemer zu sein und machen im Komfort wett, was sie falsch machen für den malerischen Anblick der Insel. Aber mit ihrem Kommen ist etwas von der alten Welt vergangen, denn der ältere Typus von Haus war in richtiger Harmonie mit seiner Umgebung, während diese hohen und nackten Konstruktionen in immer während em Widerspruch zur ganzen Umgebung von Hügel, Meer und Himmel stehen, in welche sie so gewaltsam hinein gesetzt wurden.

Der Tanz

An der weißen Wand flackerte zischend die Lampe,
Warf Licht auf die schattendunkle Küche und sandigen Fußbo-
den,
Mädchen an der bemalten Anrichte, langsam eintreffend Män-
ner,
Spät noch vom Meer und dicht gedrängt
Diese auf der Sitzbank, jene am Tisch; der Torf
Sandte hinauf schwachen Rauch und matt im Schornstein
zitterte
Und erstarb ein Licht von den frostigen Sternen,
zitterte und erstarb und zitterte wieder im Rauch.
»Steh auf jetzt Shane«, sprach eine Stimme, und wieder eine
andere:
»Erhebe dich vom Boden, Kate«; als Mädchen an Männer
Aufforderung um Aufforderung riefen, stieg in der Ecke fröhli-
ches Singen auf
Und kletterte und wankte und fiel, und sprang wieder auf,
Rief an die schweren Füße der Männer; die Mädchen wildäugig,
Die Füße nackt, schlugen den Takt, mit aufgelöst fliegendem
Haar,
Tanzten im Hin und Her geträllerter Musik, webend
In einen Rhythmus hinein das Licht und die schweren Füße.

PEIG

An einem Herbsttag schlenderte ich die Straße entlang, wo Männer, Frauen, Mädchen und Jungen von den Feldern heimkamen, die alle einen Stapel mit Hafergarben schleppten, denn sie brachten die Ernte ein. Ich selbst hatte am Vortag bei dieser Arbeit geholfen und zahlte nun dafür mit unerträglichen Schmerzen im Rücken und in den Lenden, wo ich fast unter der Last der Garben zusammengebrochen wäre.

Ich bog nun von der Straße ab und näherte mich einem der neuen Häuser. Die Tür war offen, als ich es erreichte, und ich hörte eine klare, feste Frauenstimme, die sich im Ärger erhob. Ich stieg über die Schwelle und wurde auf diese Art begrüßt:

»Der Teufel mag dich fressen zwischen Himmel und Erde! Raus!«

Vor Überraschung hielt ich an und wurde fast von einem Esel nieder gestoßen, der sich hastig aus dem Staube machte, von der Besitzerin der Stimme auf dem Fuße gefolgt.

»Gott mit uns! Bist du es, *Bláheen*?« sagte sie.

»Ja«, sagte ich, »aber was habe ich getan, dass du mich dem Teufel zwischen Erde und Himmel zu fressen gibst?«

»Ah! Du weißt sehr wohl, dass ich nicht dich verflucht habe, sondern den Esel, denn er ist der Dieb der Welt und mein Herz brach, als ich ihn aus dem Haus getrieben habe. Aber komm herein und sei willkommen; denn du weißt es gut, dass es nicht Flüche, sondern Segnungen sind, die du in diesem Hause immer finden wirst. Setz dich auf den Stuhl am Feuer und mach es dir bequem.

Noch heute Morgen habe ich mich gefragt, was mit dir los ist, dass du meine Schwelle schon seit drei Tagen nicht überschritten hast.«

Ich ging zum Feuer, setzte mich und streckte und breitete meine Hände über den glimmenden Torf, wie man es schon automatisch tut, auch an einem warmen Herbsttag wie diesem. Sie saß auf einem niedrigen Stuhl auf der anderen Seite des Herds und nahm eine Pfeife aus dem Mauerloch hinter dem Feuer, hob ein brennendes Stück Torf zu den Lippen, setzte es an den Pfeifenkopf und zog den Rauch durch den kurzen Stiel.

»Die Leute der Insel haben eine große Begabung fürs Fluchen«, sagte ich.

»Das stimmt«, sagte sie, »aber es ist darin keine Sünde. Wenn die Flüche von Herzen kämen, würde es Sünde sein. Aber, sie kommen ja nur von den Lippen und wir benutzen sie nur, um unserer Rede Kraft zu geben und sie sind für das Herz eine große Erleichterung.«

»Nun«, sagte ich, »mir macht es nichts aus, denn wenn die Segnungen von Herzen kommen, ist es gleichgültig, woher die Flüche stammen.«

Und wir verfielen darauf, über die Kraft der irischen Sprache zu diskutieren und darüber, wie man in diesen Tagen sich von ihrem Gebrauch in alter Zeit abgewandt hat, als noch die Geschichtenerzähler von Ort zu Ort gingen, im Wettstreit miteinander, jeder darauf bedacht, seine Rede treffend und klug zu gestalten und seiner Erzählung eine Auslegung hinzuzufügen, um so wo möglich den Sieg über die anderen zu erringen. Denn »Big Peg« – *Peig Mhór* – ist eine der besten Erzählerinnen der Insel. Sie hat einen so sauberen und vollendeten Redestil, dass man den feinsten Ausdrucksweisen der Sprache an ihren Lippen ohne irgendeine Mühe folgen kann. Sie ist eine naturbegabte Rednerin, mit einem so scharfen Sinn für die Redewendung und dem anzuhebenden Rhythmus, wie er der irischen Sprache angemessen ist, dass ihre Worte so aufgeschrieben werden könnten, wie sie von ihren Lippen kommen, was eine Literatur ohne den Geschmack künstlicher Komposition hervorbringen würde. Sie ist es gewöhnt, ihre Rede mit Geschichten zu illustrieren, lang oder kurz, die sich natürlich in den Redefluss einbringen und all das Abhandeln des Gegenwärtigen mit Witz, Weisheit, Narrheit und dem lebendigen Ereignis der Vergangenheit beleuchtet.

Heute wandte sich unsere Unterhaltung, nachdem wir leicht dies und das berührt hatten, den Träumen und ihrer Bedeutung zu, und über kurz oder lang fand ich mich selbst dabei, die Geschichte eines meiner Träume zu erzählen.

»Du hast gesagt, *Peig*«, begann ich, »dass Träume eine Bedeutung haben und, dass sie manchmal auch eintreffen, nachdem wir sie geträumt haben.«

»Nun«, sagte sie, »manche treffen ein und manche nicht, es ist aber nicht leicht zu sagen, welcher so und welcher anders ist.«

»Dann«, sagte ich, »sage mir, wozu ein Traum gehört, den ich im Frühling dieses Jahres gehabt habe. Denn ich träumte, dass ich alleine in meinem Zimmer in London saß und es klopfte an der Tür. So rief ich ›Herein‹, und ein Junge kam herein und sagte: ›Da ist ein Gentleman, der dich sehen will, Sir.‹ Und ich sagte: ›Wie ist sein Name?‹ ›Mr. James Smith, Sir.‹ ›Nun, dann führe Mr. James Smith herein‹, sagte ich. Und Mr. James Smith kam herein. Er war ein kleiner hagerer Mann, einer der nicht allzu ehrlich wirkt und er hatte einen zerbeulten schwarzen Hut in einer Hand und in der anderen eine abgewetzte kleine schwarze Tasche. So sagte ich: ›Nun, Mr. Smith, kann ich etwas für Sie tun?‹ ›Ja, Mr. Flower‹, sagte er, ›mit Ihrer Erlaubnis würde ich ihnen gerne einige Photographien zeigen.‹ ›Nun‹, sagte ich, ›wenn sie denken, mich damit zu erfreuen, zeigen sie sie mir.‹ Und er kam hoch zu mir, wo ich saß und begann Photos aus der kleinen schwarzen Tasche vor mir auf den Tisch zu schütten. Die Photos kamen nacheinander aus der Tasche heraus und nur Wenige von ihnen waren von Leuten, die ich kannte. Einige meiner Freunde waren dabei, einige wieder gehörten zu Menschen, die man in der Zeitung sehen kann, aber zum größten Teil kannte ich niemand von ihnen. Das ging so weiter lange Zeit und ich fing an mich zu wundern, denn es kamen mehr Photos aus der Tasche heraus, als so eine kleine Tasche enthalten konnte. Und ich war drauf und dran zu sagen, ich könne nicht verstehen warum er mir diese Photos zeigte, als ein Photo von mir selbst auf dem Tisch auftauchte. Da hielt ich ihn auf und sagte, ›Sagen sie mir doch, Mr. Smith, warum sie das Photo von mir zu all den anderen getan haben?‹ Da begann er zu stammeln und rot zu werden und sagte: ›Oh, ich bitte um Entschuldigung, Mr. Flower. Ich hätte ihnen diese Photos nicht auf solche Weise zeigen sollen, ich hätte sagen sollen, was sie in erster Linie sind.‹ ›Was sind sie denn?‹ fragte ich. ›Es sind die Photos jener Leute, die in diesem Jahr sterben werden‹, sagte er; und damit verschwand er aus meiner Sicht, als hätte ihn die Erde verschlungen. Und ich gebe dir das Versprechen, dass ich schweißnass aufwachte und es hat einige Tage gedauert, bis ich den Schrecken dieses Traums von mir abtat. Ist das einer der Träume, die eintreffen? Wenn es so ist, habe ich nicht mehr lange zu leben.«

»Das ist eine seltsame Geschichte«, sagte Peig. »Aber es ist keine Vision, nur ein Traum. Es gibt drei Dinge, die zu uns kommen, wenn wir schlafen: Träume, das sind nur seltsame Geschichten, die im Schlaf durch unseren Kopf gehen; Alpdrücke, das sind nur die Ängste der Nacht; und Visionen, das ist von Dingen, die eintreffen werden. Deines war nur ein Traum und du wirst dieses Jahr nicht sterben.«

Ich konnte nicht verstehen, unter welchen Kriterien Peig diese Unterscheidung traf, aber sie hatte recht: Ich starb nicht in diesem Jahr. Sie fuhr fort, indem sie sagte, wir würden nicht nur im Schlaf Visionen von Dingen haben, die eintreffen werden, sondern es gebe auch so etwas wie Wachheitsvisionen.

»Es lebte einmal ein junger Mann in der Gemeinde Ventry,« sagte sie und ich wusste, dass eine Geschichte im Anmarsch war, »und eines Tages gingen alle seine Leute nach Dingle und er blieb allein zu Hause im Hof zurück. Und als er getan hatte, was auf einem Bauernhof zu tun ist, kam er in die Küche und setzte sich ans Feuer, schaute auf den Rauch aus den Torfsoden und dachte nach. Worüber er nachdachte, habe ich nie gehört und kann es deshalb nicht verraten. Und er saß noch nicht lange so da, als der Riegel aufgeschoben und die Tür geöffnet wurde und eine alte Frau herein kam. ›Gott errette dich‹, sagte sie. ›Ein langes Leben für dich‹, sagte er, ›und willkommen‹. Sie setzte sich am Herd nieder. ›Würdest du mir ein Glas Milch und ein Stück Brot geben?‹ fragte sie, ›denn ich bin lange Zeit durch die Straßen gegangen und der Tag ist heiß und ich bin müde. Und ich bin bloß ein armes altes herumziehendes Weib. Wenn man Leuten wie mir hilft, wird Gott es belohnen mit langem Leben und dem Himmel an seinem Ende.‹ ›Das will ich tun‹, sagte er. So stand er auf und brachte ihr ein Glas Milch und ein Stück Brot. Und mehr noch, als sie die Milch getrunken und das Brot gegessen hatte, gab er ihr ein Geldstück.

›Du bist gut zu mir gewesen‹, sagte sie, ›und da Gutes mit Gutem vergolten werden soll, will ich dir etwas zeigen.‹ Sie gebot ihm, er solle ihr eine Schale heißes Wasser holen und so stellte er den Kessel auf das Feuer und, als das Wasser heiß war, goss er es in eine Schale und sie stellte die Schale mitten auf den Fußboden. Dann nahm sie etwas aus ihrer Tasche und streute es über das Wasser und sprach einige Worte über der Schale, aber, was das für Worte waren, konnte er nicht herausfinden. Er saß die ganze Zeit am Feuer und sagte nichts. Als sich aber Rauch aus der Schale erhob, nach dem sie die Worte gesagt hatte, öffnete sich die Tür und ein junges Mädchen kam herein und ging an das Feuer heran. Sie stand dort und starrte herunter zum Feuer. Und er sah sie an und betrachtete ihre Gestalt und ihre Züge, aber er kannte sie nicht, denn nie zuvor hatte er sie gesehen. Und der Rauch aus der Schale versiegte, als das Wasser abkühlte und das Mädchen wandte sich vom Feuer ab und ging die Tür hinaus und er sah sie nicht mehr.

So wandte er sich an die alte herumziehende Frau und sagte zu ihr: ›Wer war das Mädchen?‹ ›Das ist das Mädchen, das du heiraten wirst‹, sagte sie, und sie erzählte ihm, wie alt das Mädchen damals war und zu welchem Zeitpunkt er sie heiraten würde. Und dann erbat sie den Segen Gottes für ihn, wegen der Freundlichkeit, die er ihr angetan und sie ging aus der Tür und er sah sie nie wieder. Aber zum Zeitpunkt, den sie voraus gesagt, ging er eines Tages in die Gemeinde Dunquin und traf dort ein Mädchen und es war das Mädchen, das er in der Vision gesehen hatte. Und sie verliebten sich ineinander und heirateten. Und weißt du, wer das Mädchen war?«

»Wie soll ich das wissen?« sagte ich, »denn ich habe die Geschichte nie zuvor gehört und ich vermute, das geschah, bevor du und ich auf die Welt gekommen sind.«

»Es geschah in der Tat bevor ich auf die Welt kam,« sagte sie, »denn der junge Mann war mein Vater und das Mädchen war meine Mutter und es war oft, dass mein Vater genau diese Geschichte erzählt hat.«

»Und ich vermute, es war nicht die einzige Geschichte, die er dir erzählte, *Peig*?« sagte ich.

»Das kann man wohl sagen, denn er war der beste Geschichtenerzähler, der je hier auf dem Lande gewesen ist. Tomas Sayers war sein Name.«

»Sayers?« sagte ich. »Nanu, das ist ja ein englischer Name.«

»Ja, seine Leute kamen in alter Zeit aus England. Und sie waren von protestantischem Glauben bis in die Zeit meines Großvaters und dann wandten sie sich dem katholischen Glauben zu. Mein Vater hatte mehr Geschichten, als jeder andere Mann dieser Zeit und wenn du ihn hättest erzählen hören, hättest du dich gewundert, denn er vergaß nie etwas, sondern machte immer weiter, eines nach dem anderen, die ganze Geschichte, wie sie ablief und all die Sprichwörter und alle Weisen zu reden: Er konnte das besser, als jeder andere Mann. Er lebte bis zum Alter von 96 Jahren und bis zu einem oder zwei Tagen vor seinem Tod konnte er jede Geschichte erzählen, ohne aufzuhören oder anzuhalten. Sein Verstand war so klar und seine Rede so gut, wie sie es immer gewesen war. Er war ein kleiner lebendiger Mann und die Jungen des Dorfes pflegten nachts zu unserem Haus da drüben in Dunquin zu kommen, um ihn Geschichten erzählen zu hören.

Er hatte ein Bett an der Seite der Küche und eines Nachts waren die Jungen zum Geschichtenerzählen herein gekommen und sie saßen rund ums Feuer und einer von ihnen wandte sich an meinen Vater und sagte: ›*Abair sgeal a Thomáis*‹, erzähle uns eine Geschichte. So begann er mit einer Geschichte, es war *An Damh Dearg* – Der rote Ochse – und jeder weiß, dass es eine lange und komplizierte Geschichte ist. Aber er erzählte sie fließend bis etwa zur Mitte der Geschichte. Dann hielt er plötzlich inne und seine Zunge war für eine Weile gehalten und er stockte in der Geschichte. Nie zuvor hatte ich erlebt, dass er eine Geschichte verloren hat. Aber nach Kurzem kam er wieder zu sich selbst und nahm die Geschichte wieder auf und erzählte sie geradewegs zu Ende. Und als er sie beendet hatte stand ich auf, ging zu ihm und sagte: ›In dieser Geschichte bist du gestolpert, Vater‹, sagte ich. ›So ist es‹, sagte er. ›Nun‹, sagte ich, ›nie zuvor habe ich dich in einer Geschichte stolpern hören. Und das ist ein Zeichen, dass der Tod dir nahe ist.‹ ›*Dhera*‹, sagte er, ›der Tod hat Cork noch nicht verlassen auf dem Weg zu mir‹. Dann gingen wir alle schlafen und mitten in der Nacht schrie er auf und ich ging zu ihm und er saß aufrecht im Bett, mit Furcht in den Augen und sagte: ›Er hat mich geschlagen. Sein Streich hat mein Herz getroffen‹. Von dieser Zeit an kränkelte er und zwei Tage später war er tot.«

»Gott bewahre seine Seele«, sagte ich, »das war ein gutes Ende für einen Geschichtenerzähler.« »Das stimmt«, sagte sie und wir kehrten zurück zur Diskussion der Vision, in der er das junge Mädchen gesehen hatte, die seine Frau werden würde. »Es gibt viele Geschichten von den Geistern der Toten«, sagte ich, »aber das ist die erste Geschichte, die ich gehört habe, über den Geist einer lebenden Person.«

»Glaubst du denn«, fragte sie, »«dass es Geister gibt, Geister von Menschen die aus dieser Welt gegangen sind und in der Nacht zurückkommen, um die Lebenden zu besuchen?«

»Nun, ich habe viele Geschichten darüber gehört, aber ich habe nie selbst einen Geist gesehen und ich kenne niemand, der darüber genaue Kenntnis besitzt. Aber es gibt viele merkwürdige Dinge auf der Welt, jenseits unserer Kenntnis, und es mag sein, dass es auch Geister gibt, jedoch verstehe ich nicht, warum sie zurück in die Welt kommen sollten, wenn sie doch aus ihr heraus gegangen sind. Es wäre besser für sie, in den Gräbern zu bleiben und uns nicht zu belästigen.«

»Ich habe auch noch keinen Geist gesehen«, sagte sie, »aber ich kenne Leute, die sie sahen und es gibt viele Geschichten über sie und über eigenartige Dinge, die völlig konträr zum Weltenlauf verliefen«. »Einst gab es einen Kerl in der Gemeinde Ventry, und er konnte seinen Lebensunterhalt nicht verdienen an dem Ort, wo er war. So sagte er zu sich selbst, dass er in den Norden Irlands reisen werde, um dort vielleicht Arbeit zu finden, ihm Nahrung zu geben. Und er machte sich auf, mit einem Freund aus derselben Gemeinde, und sie wanderten durch Irland, bis sie in den Norden kamen. Dort nahmen sie Dienst auf bei einem Bauern und für eine Weile lief es gut. Aber nach einiger Zeit wurde dieser Kerl krank und er rief seinen Freund zu sich und sagte: ›Ich weiß, dass ich sterben werde‹. ›Sag das nicht‹, sagte sein Freund. ›Ich sage es doch, denn, ob jung oder alt, wir müssen gehen, wenn der Tag kommt. Aber ich dachte immer, dass ich, wenn ich sterben werde, auf meinem eigenen Friedhof unter meiner Verwandtschaft begraben würde und nun sterbe ich so weit von zu Hause weg. Versprich mir aber so viel: Wenn ich tot bin sollst du meinen Kopf abschlagen, ihn mitnehmen und ihn auf meinem Friedhof beerdigen‹. Sein Freund war zuerst unwillig, gab aber zuletzt das Versprechen und der Kerl starb glücklich, denn er wusste, dass ein Teil von ihm auf dem eigenen Friedhof ruhen würde.

Als er gestorben war, machte der Freund sein Wort wahr und er schlug ihm den Kopf ab und ging los durch ganz Irland mit dem Kopf in ein Tuch eingepackt. Und kam schließlich in die Gemeinde Ventry, müde vom Wandern und bog ab zum Haus seines Freundes. Und er stellte das Tuch mit dem Kopf darin auf den Tisch und erzählte ihnen, dies sei der Kopf ihres Sohnes, und dass er im Norden gestorben sei und, dass er gewünscht hatte, sein Kopf solle auf dem eigenen Friedhof beerdigt werden, da sein Leib hier nicht ruhen konnte. Da schafften sie einen Sarg herein und ein Fass mit Starkbier, sowie einige Tabakpfeifen und veranstalteten eine Totenwache für den Kopf. Am nächsten Tag aber machten sie sich mit dem Kopf in dem Sarg auf zum Friedhof in Ventry. Man weiß, dass der Friedhof in Ventry ein Ort ist, wo zwei Straßen zusammentreffen. Als sie nun ihre Straße herunterkamen, sahen sie noch eine andere Beerdigungsgesellschaft die andere Straße herunter laufen. Nun ist es Sitte, wenn zwei Beerdigungen zum selben Friedhof, zur selben Zeit kommen, dass sie beide losrennen, so dass diejenige, die gewinnt, die erste sein wird, ihren Toten zu beerdigen. So machte jede von ihnen auf ihrer Straße Dampf und die andere Beerdigungsgesellschaft eilte die andere Straße hinunter. Und sie kamen zusammen, im selben Augenblick, an der Mauer des Friedhofs an, und, als sie die Mauer berührten, verschwand die andere Beerdigungsgesellschaft, mit ihr der Sarg, die Träger und alle, die dabei waren, als hätte sie der Erdboden verschlungen. Sie wunderten sich darüber, aber sagten sich, sie seien gekommen, um den Kopf zu beerdigen und, dass sie nun auch den Kopf beerdigen wollten. So hoben sie den Sarg über die Mauer und kamen an die Stelle, wo das Grab offen war, und dort beerdigten sie den Kopf so, wie es der junge Kerl erbeten hatte, bevor er starb. So blieb es für eine Weile. Nach einigen Monaten aber starb ein Mann aus dieser Familie, sodass sie das Grab wieder öffneten. Und was sollten sie da finden? Zwei Särge und in dem einen war der Kopf und in dem anderen der Leib, so dass der Kerl am Ende seinen Wunsch erfüllt bekam und ganz, mit Kopf und Leib, im Grab seiner Väter ruhte.«

Als *Peig* diese Geschichte erzählte, beobachtete ich sie mit Bewunderung für ihr feines, gut geschnittenes Gesichtes mit den dunklen, ausdrucksstarken Augen, die mit den wechselnden Stimmungen ihrer Rede sich veränderten, alles eingerahmt von ihrem Schal, der ständig wieder von ihrem Kopf fiel, als sie ihre Arme mit fegenden Gesten bewegte, um wieder eingefangen und zurückgesteckt zu werden über ihrer Augenbraue, mit einer einzigen Handbewegung. Als sie geendet hatte, kam eine Windböe durch den Schornstein und trieb den Rauch in das Zimmer hinaus.

»Brand und Zerstörung komme auf dich, du Schornstein!« rief sie und rannte zur Hintertür und riss sie auf, um einen Zug zu erzeugen, der den würgenden Rauch an die Luft blasen sollte. »Ich kenne immer genau die Art, wie der Wind ins Haus bläst,«, sagte sie und kehrte zum Feuer zurück. »Denn wenn er eine bestimmte Richtung nimmt, kann ich tun, was ich will: Der Rauch erfüllt das Zimmer und es gibt kein Mittel den Schornstein von diesem Mätzchen zu heilen. Und du bist nicht so daran gewöhnt, wie wir es sind.«

»Ich bin an schlimmere Dinge gewöhnt«, sagte ich, »denn du würdest staunen, wenn du nur einen Tag den Nebel Londons sehen würdest, wenn die Wolken herunterfallen und der Rauch der Großstadt sich damit vermischt und du deine Hand nicht vor den Augen sehen kannst in dieser den ganzen Tag über andauernden Dunkelheit. Und der Geschmack dieses Nebels ist bitter in der Kehle.«

»Ah, aber die Leute von London sind reich und sie können Wege finden, aus dem Nebel herauszukommen. Nicht, wie die Leute von der Insel, denn sie sind bitter arm und sie sind auf einer Insel auf dem Meer, wie in einem Gefängnis und müssen das Wetter und die Welt so nehmen, wie es gerade zu ihnen kommt, mit nichts, was ihr Leben sanft und bequem macht, wie bei denen, die in der großen Welt frei und unabhängig sind.«

»Das sagst du, *Peig*«, sagte ich, »aber es ist überhaupt nicht wahr, denn es gibt viel mehr arme Leute in London, ärmer als jeder auf der Insel. Es gibt Männer jetzt auf den Straßen, die leben von der Gnade der Welt und haben niemanden, der ihnen hilft und im Winter zittern sie in der Kälte der Nacht, ohne richtige Kleidung und Nahrung.«

»Nun gut, so hat Gott die Welt am Anfang gemacht, denn es wurde angeordnet, es sollte Reiche und Arme geben. Und die Reichen können nicht ohne die Armen leben, noch die Armen ohne die Reichen.« »Aber es gibt einige, die sagen jetzt, dass es für die Welt keine Notwendigkeit gibt so zu sein. Und wenn das Geld in der Welt unter alle Leute verteilt würde, könnten alle besser leben und es würde weder Reiche noch Arme geben.«

»Glaub ihnen nicht, *Bláheen*. Denn diesen Plan hat es schon einmal gegeben und wir alle wissen, was dabei herauskam.«

»Wann wurde das versucht?« fragte ich, »und was kam dabei heraus? Denn ich habe nie gehört, dass es je versucht worden wäre.«

»Es war so: Einst gab es einen guten König. Die Leute mochten ihn gerne, aber die Königin, seine Frau, die mochten sie noch lieber. Denn alles, was sie sich wünschte, war, dass die armen Leute hochgehalten würden. Ständig klagte sie und fragte, warum das so sei, dass die armen Leute keine faire Chance bekamen, sich aus der Armut zu erheben. Eines Tages sprach sie mit

74

dem König. ›Ich hoffe, o König‹, sagte sie, ›dass du etwas für mich tun wirst, damit du den armen Leuten faire Chancen gewährst‹. ›Sehr gut, meine Königin‹, sagte er, ›du sollst deinen Wunsch erfüllt bekommen‹. Da war sie sehr erfreut, aber vielleicht war sie danach nicht mehr so froh. Der König erließ eine Proklamation, gewisse Dinge zu veranlassen, damit jeder selbst dazu fähig sei, alles aus eigener Kraft zu schaffen.

Es dauerte nicht lange, da ging es den Armen gut und in wenigen Jahren waren sie nicht mehr in der Sorge, etwas kaufen oder verkaufen zu können. Und eines Tages geschah es, dass es keine Kartoffel mehr auf irgendeinem Markt zu kaufen gab. So blieb der königliche Haushalt an diesem Tag ohne Kartoffeln fürs Mittagessen. Und als sie zur Mittagessenszeit zu Tische saßen, sah die Königin keine Kartoffeln kommen. ›Was ist los?‹ sagte sie. ›Gibt es keine Kartoffeln heute für mein Mittagessen?‹ ›Nun, wenn du auch keine Kartoffeln hast‹, sagte der König, ›so hast du doch deinen Willen. Du warst nicht zufrieden, bis die Armen eine faire Chance bekamen, und nun, da sie ihren eigenen Weg gehen, tragen sie keine Sorge mehr, überhaupt etwas zu tun für dich oder mich. Du solltest zufrieden sein‹. ›O, wenn das so zugeht‹, sagte die Königin, ›musst du dieses Werk beenden. Ich brauche Kartoffeln für mein Mittagessen‹. So hatte der König die Armen wieder zu zügeln und wieder unter die Knute zu bringen. Und da war es die Königin zufrieden.«

Als sie diese überzeugende Widerlegung aus der Welt des Märchens vorgebracht hatte, über die Wertlosigkeit der gleichen Verteilung von Reichtum, stand *Peig* von ihrem Stuhl auf und sagte: »Nun, *Bláheen*, wir haben eine lange Zeit erzählt und die Leute werden von mir sagen, dass ich nichts tue, außer sitzen und Geschichten erzählen, und es wäre an der Zeit für dich, nach Hause zu gehen und das Abendbrot einzunehmen.«

»Ja«, antwortete ich und wir gingen zur Tür und sahen heraus. Die Sonne ging im westlichen Meer unter und ihre Strahlen fielen drüben auf das Festland. Einige Tage vorher hatte es einen heftigen Regen gegeben und die Wasserläufe liefen überall immer noch voll. Entfernt, auf der Seite von »*Sliabh an Iolair*«, über Dunquin, konnte man einen Wasserfall sehen, der in den Strahlen der Abendsonne weiß aufblitzte.

»Siehst du den Wasserfall?« sagte sie. »Es war im Haus unter diesem Wasserfall, in dem ich lebte, als ich ein Mädchen war, bis es Zeit wurde, Dienstmädchen zu werden. Ich heiratete mit siebzehn. Du hättest nirgends ein lustigeres Mädchen gefunden als mich zu jener Zeit, denn es ist die Jugend, die den leichten Fuß und das glückliche Herz besitzt. Seit der Zeit aber, da ich verheiratet war, habe ich keinen Tag gekannt, an dem ich völlig glücklich gewesen wäre. Mein Ehemann war in den meisten seiner Tage ein kranker Mann, und dann starb er und ließ mich zurück, und ich lehrte meine Kinder Lesen und Schreiben, und es gab keine Kinder, die klügere Köpfe für ihre Bücher gehabt hätten. Aber für sie gab es keinen Platz in Irland und sie sind alle bis auf einen nach Amerika gegangen und bald wird auch er gegangen sein. So werde ich am Ende meines Lebens alleine sein. Aber das ist Gottes Wille und der Lauf der Welt. Wir sollten uns nicht beklagen.«

Und sie warf den Schal über ihren Kopf und kehrte zurück in ihr nun schon in der Dämmerung liegendes Haus.

GOBNAIT

Die Nacht war gekommen und ich suchte mir vorsichtig einen Weg den holperigen Pfad hinunter zum unteren Dorf, hier eine Spalte umgehend, dort über einen Stein stolpernd und ließ eine Taschenlampe aufblitzen, um meine Schritte durch die Gefahren des Weges zu leiten. Zuletzt wendete ich an einem *»puicin«*, eine jener Hütten mit dem Umriss eines Bienenkorbs, welche die Insulaner zur Aufbewahrung ihrer Werkzeuge gebaut haben, die in direkter Linie von jenen alten Eremitenwohnungen abstammen. Aus der Türöffnung des Hauses vor mir kam Licht und ich ging hinein.

Dies ist das Haus von *Seán Eoghain*, einer von den Dunlevys, eine großartige Gestalt von einem alten Mann, wie einer der Helden der irischen Geschichte. Er steht da: ruhig, groß gewachsen und kraftvoll, obwohl er ein alter Rentner ist, und den ganzen Tag lang auf dem Felde schafft, mit beharrlicher Energie. Eine große Nase ragt wie ein Felsen heraus aus seinem gefurchten Gesicht, zwischen einem offenen und einem herunterhängenden Auge, darüber ein großer Mund, aus dem, wenn er spricht, ein ungeheuer röhrendes Geräusch ertönt, das den Hörer fast taub werden lässt. Diese Stimme pflegt *Tomás »barrabua na Feinne«* zu nennen, das Triumphhorn der Fenier, und in der Tat hat sie mehr Ähnlichkeit mit dem Lärm eines großen Horns, das zur Schlacht bläst, als mit dem Geräusch einer menschlichen Kehle.

Als ich herein komme, sitzt er am Feuer, das Kind seines Sohnes auf den Knien, das mächtige Stimmorgan mutiert zur Klangfarbe eines Schlafliedes, als er die kleine Kreatur besänftigend zum

Einschlafen bringen will. Mein Eintreten zerbricht den Zauber, denn er erhebt seine Stimme zum Willkommen.

»Bei der Lieblichkeit des Teufels«, sagt er mit einem beliebten Fluch, »das ist ein guter Anblick, dich unter dem Schutz meiner Dachsparren zu sehen, *Bláheen*. Nimm einen Stuhl am Feuer und *Méiní* wird dir eine Tasse Tee geben.«

»Das werde ich. Willkommen!« sagt *Méiní*.

»Mach dir keine Umstände, *Méiní*«, sage ich. »Ich komme gerade von meinem Abendessen und wenn ich da nicht genug Tee getrunken habe, ist es meine eigene Schuld.«

Méiní kehrt zurück zur Sitzbank, von welcher sie aufgestanden war, um den Tee zu kochen und ich nehme einen Stuhl am Herd.

»Vielleicht hast du recht«, sagt *Seán*, »denn gerade der Tee ist es, der die Gesundheit der Leute ruiniert hat. Ich erinnere mich noch an den Tag, als es auf der Insel keinen Tee gab, als auch Zucker und Weißbrot noch unbekannt waren. In jenen Tagen lebten wir von Maismehl, Milch, Fisch und Kartoffeln und es gab keinen Mann auf der Insel, der nicht seinen ganzen Satz Zähne mit ins Grab nahm. Aber jetzt verrotten die Zähne in den Mündern der Kinder bevor sie ganz ausgewachsen sind und es ist der Tee und der Zucker und das Weißbrot, die das getan haben, wofür ihnen nur Schlechtes gebührt!«

Seáns Schwiegertochter, eine von zwei Schullehrerinnen, saß am Tisch und sagte: »Na ja, *Seán*, du isst Weißbrot nur allzu gern selbst und hast ja wohl niemals dir Zucker in den Tee gemacht…«

»Ja, ja, ja«, sagte er, denn es ist ein Trick von ihm, seine Worte drei Mal zu wiederholen, »wir müssen mit der Zeit gehen, auch wenn sie den falschen Weg einschlägt, aber der alte Weg war der Bessere.«

Die Tür ging auf mitten in diesem Disput und *Gobnait*, die Frau von *Peats Sheamuis*, kam herein und setzte sich auf die Sitzbank bei *Méiní*. Sie ist eine stark gebaute Frau um die vierzig, mit einem fahlen Gesicht unter schwarzem unordentlichen Haar und den hellen schnellen Augen einer Geschichtenerzählerin. *Seán* wendet sich zu ihr und sagt: »*Gobnait*, hast du keine Geschichte zu erzählen, die dieses Kind zum Schlafen bringt?«

»Ich würde mich schämen, Geschichten vor *Bláheen* zu erzählen«, antwortet sie, »denn er hat alle Geschichten der Welt gehört und fände keinen Geschmack an einer Geschichte, die ich den Kindern in der Nacht am Feuer erzähle.«

»Aber *Gobnait*, das ist doch gerade die Art von Geschichte, die ich mag, denn ich bin der Geschichten aus den Büchern müde und der älteste Mann ist nicht mehr, als ein erwachsenes Kind, und warum sollte er sich dann nicht freuen können über Geschichten, die Kindern erzählt werden?«

»Nun gut«, sagt sie, »hast du je die Geschichte von *Purtey deas Squarey* gehört?«

»Nein, habe ich nicht. Und wer war *Purty deas Squarey?*«

»Er war ein Hund und in der Geschichte wirst du alles über ihn erfahren.«

»Aber, was heißt ›*Squarey*‹?«

»Weiß ich auch nicht, aber so habe ich es immer gehört, wenn der Name in der Geschichte erwähnt wurde.«

»Vielleicht war er ein viereckiger Hund,« schlage ich vor.

»Wahrscheinlich hast du recht, *Bláheen*,« sagt *Seán*, »denn das ist die Bedeutung von ›square‹ im Englischen, und das ist das Wort darin.«

»Nun, ob so oder so, das ist sein Name gewesen«, sagt *Gobnait*, »und er war auch ein guter Hund, wie man in der Geschichte hören wird.« »Es war einmal ein König«, begann sie und fing mit der Geschichte an, indem sie in die gleich bleibende Stimme der Geschichtenerzählerin verfiel.

Als sie dort saß und die Geschichte mit stetiger Stimme entwickelte, waren ihre Finger nicht untätig. Der Gemeindepfarrer und der Kurat wollten innerhalb weniger Tage auf der Insel eintreffen, um hier Station zu machen und Messen in der Schule zu halten und die Beichte abzunehmen. Sie würden die Kinder religiös unterweisen und die Kleinen sollten hübsch gekleidet sein für die große Gelegenheit.

Gobnait machte ein Kleid für *Máirín*, *Seáns* Enkelkind, und als ihre Lippen die Sätze der Geschichte formten, waren ihre Finger fleißig dabei, eine schwierige Naht an dem Stoff, der auf ihren Knien lag, anzubringen. Die anderen hatten keine Skrupel, sie in ihrer Geschichte zu unterbrechen, immer wenn es eine Gelegenheit für Zustimmung oder Ablehnung gab und nach jedem Ausbruch nahm sie ruhig den unterbrochenen Faden wieder auf, stach die Nadel mit neuem Nachdruck wieder ein und erzählte die Geschichte mit frischem Impuls weiter. Zum Schluss endete die Geschichte mit dem Triumph der verfolgten Tugend und das kleine Mädchen machte einen zufriedenen Seufzer und schlief ein. Ihre Mutter hob sie auf und trug sie zu Bett in das innere Zimmer. Ich tauchte die Hand in meine Tasche und holte ein Notizbuch heraus. »Ich möchte die Geschichte gerne aufschreiben«, sagte ich.

»Nun ja, nun ja, nun ja,« sagte *Seán*, »ist das nicht ein sonderbar Ding, dass ein Gelehrter aus der großen Stadt London eine dumme kleine Geschichte für Kinder aufschreibt?«

»Trotz alledem, wenn *Gobnait* sie noch einmal langsam erzählen kann, will ich versuchen sie niederzuschreiben.«

So zündete *Méiní* eine Kerze neben meinem Ellbogen an und rückte meinen Stuhl in die Nähe von *Gobnait* und ich legte mein Buch auf den Tisch und bereitete mich vor, ihrer Stimme mit fliegendem Bleistift zu folgen.

»Es war einmal ein König«, setzte sie erneut ein. »das hat es oft gegeben und es wird immer so sein. Er war verheiratet und hatte eine Tochter, als seine Frau starb. Er heiratete wieder und hatte auch mit dieser Frau eine Tochter. Aber sie war nicht so schön wie die andere.

Die Stiefmutter war eifersüchtig auf des Königs erste Tochter und versuchte immerzu auszuhecken, wie sie zu Tode zu bringen war.«

»Na, ist es nicht wunderbar, *Bláheen*«, unterbrach *Seán*, »dass in alten Zeiten alle Stiefmütter böse Frauen waren. Was glaubst du, warum das so war?«

»Weiß ich nicht«, sagte ich, »denn es gibt gute und böse Stiefmütter, so wie es gut und böse überall sonst auch gibt. Aber es wäre keine Geschichte, wenn die Stiefmutter nicht schlecht wäre, und ich denke mal, darum ist es so.«

»Mag sein«, sagte er. »Mach weiter, *Gobnait*.«

»So ging sie eines Tages zum alten Zauberer und fragte ihn, wie sie des Königs Tochter zu Tode bringen könnte. Er sagte, er wüsste es recht gut: Sie müsste vorgeben krank zu sein und, dass sie nicht geheilt werden könnte, wenn die Königstochter nicht zum ›Brunnen der Köpfe‹ geschickt würde, um drei Flaschen Wasser zu holen. Sie ging nach Hause und legte sich ins Bett. Der König kam, um sie zu sehen und fragte sie, ob es etwas gäbe, was sie heilen könnte.

Sie sagte, das sei in der Tat möglich, wenn seine Tochter zum Brunnen der Köpfe geschickt würde, um drei Flaschen Wasser zu holen. ›Dorthin werde ich meine Tochter nicht schicken‹, sagte er, ›nur, wenn sie es auch will‹. Seine Tochter sagte, sie würde mit Freuden gehen. So machte sie sich fertig für den Weg, holte einen Korb und tat alles hinein, was sie für den Weg brauchte, und dann begab sie sich an die Ecke des Landguts zu der alten Frau, und die alte Frau gab ihr etwas Proviant mit. Die fragte sie, wohin sie ginge, und sie sagte, zum Brunnen der Köpfe, für ihre Stiefmutter. Und schon ging es fort, die Straße entlang, und sie ging weiter, bis sie zu einem Quellwasser kam. Da setzte sie sich hin, um ein wenig zu essen und als sie noch nicht lange gegessen hatte, kam ein Rotkehlchen aus der Familie der Sullivans zu ihr. ›Bissen oder Happen für meine Küken, die seit einem viertel Jahr im Loch in der Mauer sind‹. ›Setz dich hin‹, sagte sie, ›und iss dich satt‹.

Bevor sich das Rotkehlchen hinsetzte, zog es seinen Schwanz durch den Brunnen und verwandelte seine Oberfläche zu Honig und den Boden zu Blut, und dann aßen sie sich satt. Sie ließ ihm noch genug für die Küken und erreichte den Brunnen der Köpfe. Sie tauchte eine Flasche in den Brunnen und da kam zu ihr ein Kopf hoch. ›Wasch mich und mach mich sauber‹, sagte der Kopf, ›und wechsle mich von Hand zu Hand und setze mich auf die Steinplatte da drüben‹.

›Darum bin ich gekommen‹, sagte sie und wusch ihn und trocknete ihn mit ihrem Handtuch ab, und der Kopf sprang von ihrer Hand und ging auf die Steinplatte.

Sie tauchte die zweite Flasche ein, da erhob sich zu ihr ein zweiter Kopf. ›Wasch mich und mach mich sauber und wechsle mich von Hand zu Hand und setze mich auf die Steinplatte‹. ›Gott rette deine Seele, darum bin ich hier‹. Sie wusch und säuberte ihn und trocknete ihn mit ihrem Handtuch ab, und der Kopf sprang von ihrer Hand und ging auf die Steinplatte.

»Das waren große Springer, diese Köpfe«, sagte *Seán*, »und wie machten sie das, ohne Beine?«

»Wie soll ich das wissen? So habe ich die Geschichte immer gehört«. »So tauchte sie die dritte Flasche hinein und der dritte Kopf erhob sich zu ihr. ›Wasch mich und mach mich sauber und wechsle mich von Hand zu Hand und setze mich da drüben auf die Steinplatte‹, sagte der dritte Kopf. ›Gott rette deine Seele, darum bin ich hier‹, sagte sie und sie wusch und säuberte ihn und trocknete ihn mit ihrem Handtuch ab und der Kopf sprang von ihrer Hand ging hinüber auf die Steinplatte.

Dann füllte sie ihre Flaschen und setzte sie in ihren Korb und war gerade im Begriff zu gehen, als einer der Köpfe sprach: ›Was für ein Geschenk wollen wir ihr geben?‹ sagte er zu den anderen Köpfen. ›Noch schöner zu sein, als sie ist, wenn sie heimkommt‹. ›Und welches Geschenk willst du ihr geben?‹ fragte der andere Kopf.

›Dass niemand jemals Oberhand über sie gewinnt‹. ›Und welches Geschenk willst du ihr geben?‹ sagte er zum dritten Kopf. ›Ich will ihr verleihen, dass jedes Mal, wenn sie sich kämmt, weißes Silber herausgekämmt wird‹.

Fort ging sie und sie kam zu der kleinen alten Frau und die begrüßte sie hundert und tausend Mal vor Freude, dass sie sicher heimgekommen war. Sie wusch und säuberte sich und sie kämmte sich im Schoß der alten Frau und sie hinterließ eine gute Lage mit Silber auf dem Schoß, nachdem sie mit dem Kämmen fertig war.«

»Das war leicht erhaltenes Geld,« kommentierte *Seán*.

»Dann kam sie heim. Als die Stiefmutter sie gesund und putzmunter heimkommen sah, war sie nicht allzu erfreut. Sie ging erneut zum Zauberer. ›Da haben wir es nun, wo soll ich sie jetzt hinschicken?‹ ›Sende deine eigene Tochter dorthin‹. Sie kam heim und befahl ihrer Tochter, zum Brunnen der Köpfe zu gehen, um drei Flaschen Wasser zu holen. Ab ging die Tochter und ging, bis sie zur Quelle kam. Sie setzte sich herunter, um beim Brunnen zu essen, als das Rotkehlchen der Sullivan-Familie zu ihr kam. ›Bissen oder Happen‹, sagte das Rotkehlchen, ›oder harter Brotkrumen für meine Küken, die seit einem viertel Jahr im Mauerloch sind‹. ›Ich habe nicht genug für mich selbst‹. Das Rotkehlchen zog seinen Schwanz durch die Quelle und verwandelte die Oberfläche in Blut und den Bodengrund in Honig, und sie konnte kaum essen, weil das Brot sie würgte.

Dann ging es weiter und sie kam zum Brunnen der Köpfe. Sie tauchte eine Flasche hinein und ein Kopf erhob sich zu ihr. ›Wasch mich und mach mich sauber und wechsle mich von Hand zu Hand und setze mich da drüben auf die Steinplatte‹. ›Buckel unter Buckel auf mich‹, sagte sie, ›wenn ich das tue‹. Sie tauchte die zweite Flasche ein und ein weiterer Kopf erhob sich zu ihr. ›Wasch mich und mach mich sauber und wechsle mich von Hand zu Hand und setze mich da drüben auf die Steinplatte‹. ›Möge ich mein Bein brechen‹, sagte sie, ›wenn ich es tue‹. Sie tauchte die dritte Flasche ein und der dritte Kopf erhob sich zu ihr. ›Wasch mich und mach mich sauber und wechsle mich von Hand zu Hand und setze mich da drüben auf die Steinplatte‹. ›Möge ich noch hässlicher werden, als ich bin, wenn ich es tue‹, sagte sie.

Sie tat die Flaschen zurück in den Korb und ab ging es mit ihr. Sie überlegten, welche Geschenke sie ihr geben sollten. ›Buckel unter Buckel‹, sagte einer der Köpfe. ›Ein gebrochenes Bein‹, sagte der zweite Kopf. ›Hässlicher zu sein, als sie schon ist‹, sagte der dritte Kopf.«

»Pech für sie, aber es ist gut, denn sie hat den Buckel und das gebrochene Bein und die Hässlichkeit verdient«, sagte *Méiní*.

»Ab ging es nach Hause und als sie heimkam fiel sie über die Schwelle und brach sich ihr Bein, und verbrachte die Zeit im Bett, und als sie wieder aufstand, war sie hässlicher noch als zuvor und hatte einen Buckel unter einem Buckel auf dem Rücken.

Ihre Mutter war sehr zornig und sie ging noch einmal zum alten Zauberer. Sie erzählte ihm, dass er die Königstochter schöner als zuvor, ihre eigene Tochter aber hässlicher als zuvor gemacht habe. ›Kümmere dich nicht darum‹, sagte der Zauberer. ›Ich werde sie an einen Ort versetzen, der sie behalten wird. Gib vor krank zu sein und behaupte, dass dich nichts heilen könne, außer wenn die Königstochter zu der und der Mühle geht, um eine Tasche mit gemahlenem Weizen zu holen; und niemand ist je von dieser Mühle zurückgekommen‹. Dies sagte sie dem König. ›Ich schicke sie nicht, wenn sie es nicht will‹, sagte er. Er fragte seine Tochter, ob sie gehen würde zu der und der Mühle. Sie stimmte zu. Dann machte sie sich fertig für den Weg, alles was sie brauchte, nahm sie mit und vergaß nicht, mit ihrem Korb zu der kleinen alten Frau zu gehen. Die gab ihr einen kleinen Hahn und befahl ihr, ihn in den Korb zu tun.

Als sie zur Mühle gekommen war, war da niemand, als zwei Kerle. Sie meinten es sei recht spät, um Weizen zu mahlen und, dass sie bis morgen warten müsste. Sie fragte sie, ob sie heißes Wasser hätten. Sie bestätigten es und gaben ihr einen Kessel mit heißem Wasser. Da machte sie Tee und alles, was sie wollte und deckte es auf den Tisch. Sie sagte den zwei Kerlen, sie sollten ihre Stühle heranziehen und mit ihr essen. So taten sie es auch.

Als sie das hinter sich hatten, waren sie ihr sehr dankbar und blieben bis in die Nacht mit ihr zusammen. Dann sagten sie, sie könnten sie nicht mitnehmen und sie müsste bis zum Morgen in der Mühle bleiben. Dann gingen sie fort und es dauerte nicht lange, bis ein großer, schwarzer Mann durch den Schornstein zu ihr kam. ›Streck deine langen weißen Beine neben meine langen schwarzen Beine.‹ ›Werde ich machen‹, sagte sie, ›wenn du mir einen goldenen Schrank baust‹. In Kürze hatte er ihn gebaut. ›Streck deine langen weißen Beine neben meine langen schwarzen Beine.‹ ›Ich will es tun, wenn du mir eine goldene Anrichte baust‹. In Kürze hatte er sie gezimmert. ›Streck deine langen Beine neben meine langen schwarzen Beine‹. ›Ich mach es, wenn du mir eine goldene Leiter baust‹. Na ja, er hatte den letzten Nagel noch nicht in die Leiter getrieben, als der kleine Hahn mit den Flügeln schlug und krähte. Da ging der große schwarze Mann durch den Schornstein heraus.«

»Das war ein kluges Mädchen. Ihre goldenen Möbel hat sie nicht lange gehabt. Es ist schade, dass sie kein goldenes Haus bekommen hat, um sie da hinein zu stellen, bevor der Hahn krähte«, sagte *Seán*.

»Als die Kerle am Morgen kamen, waren sie erfreut, sie lebendig vorzufinden. Sie mahlten ihren Weizen und banden für sie die Päckchen zu. Als die Stiefmutter sie wieder zurückkommen sah, fiel sie fast in Ohnmacht. Sie ging zurück zum alten Zauberer und er gebot ihr, ihre eigene Tochter auszusenden. Als sie nach Hause kam, sandte sie also die eigene Tochter, um den gemahlenen Weizen zu holen.

Die ging zur Mühle und gab niemandem einen Gruß, hatte aber eine verdrießliche Miene. Als sie zur Mühle kam, sagten ihr die Kerle, sie könnten ihr den Weizen erst am Morgen mahlen. Sie bat sie um eine Tasse heißes Wasser und bekam sie. Sie machte für sich eine Tasse Tee und verschwendete keinen Gedanken an jemand anderen. Da gingen sie weg und ließen sie allein. Sie war noch nicht lange da, als der große schwarze Mann den Schornstein herunter kam. ›Streck deine langen weißen Beine neben meine langen schwarzen Beine‹. ›Ich kann nicht‹, sagte sie, ›ich habe einen Buckel unter dem Buckel‹. ›Streck deine langen Beine neben meine langen schwarzen Beine‹. ›Ich kann nicht, denn mein Bein ist gebrochen‹. ›Streck deine langen weißen Beine neben meine langen schwarzen Beine‹. ›Ich kann nicht, denn ich bin hässlicher, als je zuvor‹. Alles, was er nun tat, war, sie in seinem Mund zu verschlingen und mit ihr aus dem Schornstein herauszufliegen.«

»Um zu gehen ohne Wiederkehr, denn sie wäre für jeden Mann ein schlechter Kauf gewesen«, sagt *Méiní*.

»Als die Kerle am Morgen kamen, war keine Spur mehr von ihr zu finden. Sie mahlten den Weizen und schickten das Pferd heim mit einer Botschaft an die Mutter. Als der König bemerkte, dass die andere Tochter nicht mehr da war, sagte er zu sich selbst, dass die Stiefmutter wohl beabsichtigte, seine eigene Tochter zu Tode zu bringen.«

»*Ambaist*, das hätte er schon lange vorher erkennen können«, sagte Sean, »wenn er alle Sinne bei sich gehabt hätte.«

»So verheiratete er sie weit, weit weg von zu Hause. Als sie verheiratet war, hatte sie eine kleine Tochter und ihr Mann sandte nach der Stiefmutter, dass diese sie behüte. Als die kam, schlug sie die Tochter des Königs mit einem Zauberstab und verwandelte sie in ein Reh und schickte sie hinaus in den Park zu den anderen Rehen und setzte eine alte Frau mit ihren Konturen an ihrer Stelle in das Bett. Als aber der Prinz am Morgen ging, um für die Rehe zu sorgen, sah er ein fremdes Reh unter ihnen, das kein Futter fressen wollte und nur um ihn herum scharwenzelte. Das war so weit so gut, bis die Nacht kam: Sie hatte einen kleinen Hund, der hieß *Purty deas*

Squarey und sie redete mit dem Hund in der Nacht durch das Fenster. ›Bist du im Bett, *Purty deas Squarey*?‹ ›Ich bin nicht im Bett‹, sagte *Purty*. ›Wo ist das Baby?‹ ›Es ist in der Wiege‹. ›Wo ist der Herr?‹ ›Er ist im Salon‹. ›Wo ist die alte Hexe?‹ ›Sie ist in der Ecke‹.

Dann ging sie fort, bis die nächste Nacht kam. ›Bist du im Bett, *Purtey deas Squarey*?‹ ›Ich bin nicht im Bett‹, sagte *Purtey*. ›Wo ist das Baby?‹ ›Es ist in der Wiege‹. ›Wo ist der Herr?‹ ›Er ist im Salon‹. ›Wo ist die alte Hexe?‹ ›Sie ist in der Ecke‹.

Der Diener aber hatte in der zweiten Nacht zugehört und ging zum Prinzen und erzählte ihm von dem Reh, das in der Nacht zum Fenster kam und mit dem kleinen Hund redete. ›Mach dir nichts draus‹, sagte der, ›bis heute Nacht‹. Als es Abend zu werden begann, banden sie ein Stück Leder um die Schnauze des Hundes. Sie ließen das Fenster offen. Als aber die Nacht gekommen war, kam sie an das Fenster und rief nach *Purty* und *Purty* antwortete ihr natürlich nicht. So kam sie durch das Fenster. Das erste, was sie tat, war, zur Wiege zu laufen und dort um das Kind herumzuscharwenzeln. Da wurde sie eingefangen und ihr Ehemann fragte sie, womit man sie wohl heilen könnte. Sie sagte, wenn sie heiliges Weihnachtswasser und heiliges Wasser vom Ostersonntag auf sie gießen würden, würde es ihr so gut wie immer gehen. Er sandte nach dem heiligen Wasser und es wurde über sie geschüttet und sie wurde geheilt und war wieder eine Frau. Sie ergriffen die Stiefmutter und machten ein großes Torffeuer, setzten sie in die Mitte des Feuers und sie wurde verbrannt und von den Flammen verzehrt. Das ist meine Geschichte und, wenn darin eine Lüge ist, dann soll es so sein.«

Ich kritzelte die letzten Worte nieder und ließ den Bleistift aus meiner verkrampften Hand fallen. »Danke, *Gobnait*«, sagte ich, »das ist eine schöne Geschichte und die Kinder haben Glück, denen du solche Geschichten erzählst.«

»Nun ja, nun ja, nun ja«, unterbrach *Seán*, »es ist schon eine Geschichte, die einigermaßen gut ist, aber in alter Zeit hätten wir das nicht eine Geschichte genannt. Der Teufel möge meine Seele hole, es würde lange dauern, bis ich eine solche Geschichte mit den langen Geschichten von den Feniern vergleichen würde, die wir uns erzählt haben. Gerade gestern war es, dass mir die alten Geschichten wieder in den Sinn kamen und ich hätte die Nacht damit verbringen können sie euch zu erzählen, ohne ein Wort aus einer anderen Geschichte an seiner Stelle. Aber jetzt könnte ich keine Geschichte daraus erzählen. Und wisst ihr, was sie daraus vertrieben hat?«

»Nun, ich nehme an du verlierst dein Gedächtnis«, sagte ich.

»Nein, das ist es nicht, denn mein Gedächtnis ist so gut wie es für andere Dinge immer war. Aber es war *Tomás*, der es getan hat, denn er hat die Bücher und die Zeitungen und liest sie mir vor, und die kleinen Geschichten, Tag für Tag, aus den Büchern und den Zeitungen, die haben die alten Geschichten aus meinem Kopf vertrieben. Aber vielleicht gibt es ja Schlimmeres, als sie zu verlieren.«

Hier, dachte ich, ist die Kollision zweier Überlieferungen, der mündlichen und der gedruckten, lebendig verkörpert in der Gestalt dieses heroischen alten Mannes. Vor zwanzig Jahren war sein Sinn voll mit Erinnerung des Alten, und in ihm und in Männern wie ihm dauerte die alte gefestigte Welt an und hatte sich über Jahrhunderte bewahrt. Aber nun hatte der schicksalhafte Tropfen Druckerschwärze das alte Muster ausgelöscht. Und nur durch einen Schimmer Farbe hier, durch einen herausragenden Faden da, im dumpfen Material, können wir, die wir bestrebt sind etwas wiederherzustellen von der schwierigen Harmonie, die in der ursprünglichen Fabrik geschmiedet wurde, uns die hellen Farben und die fröhlichen Linien der vergessenen Vergangenheit vorstellen. Die Welt hat sich einem anderen Weg des Lebens zugewandt, und kein noch so leidenschaftliches Bedauern kann eine sterbende Erinnerung wieder beleben. Was auf der Insel heute von mir in Erfahrung gebracht wurde, wird morgen Geschichte sein, so weit entfernt wie Troja und Ninive und das Ur der Chaldäer. Ein wenig von dieser Überlieferung können wir mit der Tinte festhalten, die es zerstört hat. Aber die Wirklichkeit der Überlieferung zieht nun an uns vorbei und ich kann nur finden, dass die Welt durch dieses Vorübergehen ärmer wird.

DER LEIDVOLLE BERGABHANG

Die beiden Seiten der Insel neigen sich auf verschiedene Weise und haben damit zusammenhängend eine unterschiedliche Charakteristik. Der südliche Abhang, der zur Bucht und zum Land blickt, fällt sanft und gemächlich und entscheidet erst im letzten Augenblick, es damit genug sein zu lassen und an der Klippe zu einem geschützten Meer hin abzubrechen. Die Nordseite, zum offenen Atlantik gewandt, fällt sofort die schräg abfallenden Abhänge, mit spärlichem Gras bewachsen, herunter und endet auf gigantischen Klippen, die auf fantastische Weise von den Launen des Wassers ausgewaschen sind, hinein in weite Buchten oder enge Wasserrinnen, wo sich schartige Felsen aufrichten oder zerschlagene Riffe hinaus in die Wellen laufen. Diesen Hang entlang läuft man an einer scharfen Ecke den Berg hinauf und folgt den Spuren der Kaninchen und Schafe. Da schaut man dann ängstlich auf die Zähne des Meeres, nackt und weiß auf den Felsen so weit da unten. Da mögen wohl seltsame Dinge geschehen, weil die Schwindel erregende Höhe allmählich einen Bann auf das Gehirn zu legen scheint.

Eines Sommertages lief ich einen Schafspfad entlang, genau über der Linie, wo das Gras in Felsen übergeht, mit leichten sicheren Schritten, und schaute müßig hinaus zum Horizont, an dem eine ganze Großstadt von einer weißen Wolke stand, aufgetürmt bis zum Himmel. Plötzlich hob auf der Mitte der Klippe ein Rabe ab von dem Felsen und flatterte mit einem heiseren Schrei schwerfällig zur Wasserkante. Aufgeschreckt wandte ich meine Augen aus der Ferne zurück und schaute herunter und wurde, während ich hinunter sah, bezwungen von dem Schrecken der nackten Tiefe unter meinen Füßen. Mein Gehirn schwamm, meine Füße zitterten auf dem Pfad und mit nachgebenden Knien fiel ich bäuchlings hin, mich verzweifelt und mit schwachen Fingern am schlüpfrigen Gras festhaltend. Und so kroch ich schimpflich auf Händen und Knien den Weg zurück, den ich vor wenigen Momenten noch so vertrauensvoll getrottet war.

Als ich ging, erinnerte ich mich einer Geschichte von den Skellig-Inseln. An der Flanke von Great Skellig ragt ein Felsenpunkt über dem Meer hervor, an dessen äußerstem Ende das Zeichen eines Kreuzes eingeritzt ist. Es ist ein schöne Übung der Frömmigkeit, diesen Felsen entlang zu kriechen und das Kreuz zu küssen. Ein Engländer, so sagt man, habe einst sich an dieser Heldentat versucht, um die Frömmigkeit der Leute zu verspotten. Aber die Rache des Himmels traf ihn auf halbem Wege: Am Felsen abgleitend, fiel er ins Meer. Auf dem gegenüber liegenden Festland gab es ein Sprichwort: »More Water!« – *arsan Sasanach agus é báth* – »Mehr Wasser!« schrie der ertrinkende Protestant. Die Interpretation lautete, er sei im Fallen so lange durch die Luft geflogen, dass er das Wasser beschwor, ihm schleunigst entgegen zu kommen, um sein Elend zu beenden. Daran voller Furcht denkend, der ich gerade erst von London gekommen war, betete ich zu allem Irischen in mir, alles Englische zu retten vor so entsetzlicher Talfahrt – und mein Gebet wurde erhört. Ich erreichte einen weniger abschüssigen Abhang und lag hechelnd da, bis sich die grundlose Furcht gelegt hatte. Jedes Mal danach war ich vorsichtig, wenn ich diesen Weg wieder ging.

Dieser abrupte Steilabbruch der Insel ist verantwortlich dafür, dass der zornige Atlantik in den Tagen und Nächten des Sturms seine Opfer fordert. Es gibt viele Erinnerungen an Schiffbrüche, neueren und älteren Datums; von plötzlichem Anklopfen in der Nacht und dem Erscheinen triefender und verwirrter Männer mit fremdartigen Sprachen, die um Schutz baten und ihn auch erhielten; von unerwarteter Rettung aus dem Meer, in schwierigen Tagen. Diese nicht vom Gesetz gedeckte Freigebigkeit des Meeres war es, welche die Insel über die große Hungersnot brachte.

»In den schlechten Zeiten,« erzählt die Sage, »hatte Great Blasket so wenig wie andere Orte vorzuweisen, dessen es sich rühmen konnte, obwohl gesagt sein muss, dass gottlob niemand hier an Hungersnot oder Hunger gestorben ist. Am Anfang jener Jahre, in ihrem ersten Jahr, befand sich ein Mann auf dem Gipfel des Hügels auf dieser Insel. Da sah er, wie aus Nord-Ost ein Zweimaster durch die Bucht auf ihn zukam. Er bemerkte, dass das Schiff, so wie es Kurs nahm, auf schlechtem Wege war, mit wenigen Leuten es richtig zu dirigieren. Er folgte ihm den größeren Teil des Nachmittags mit den Augen und stellte fest, dass niemand es steuerte, denn es nahm überhaupt keinen Kurs, sondern fuhr wie Wind und Flut es herumwarfen. Dunkelheit und späte Stunde kamen und zwangen ihn heimzugehen. Er berichtete seiner Verwandtschaft, im Norden der Bucht sei ein solches Schiff und es scheine ihm nur aufs Geratewohl zu fahren. Vielleicht, wenn jemand am frühen Morgen draußen wäre, könnte der, der Windrichtung nach zu urteilen, es morgens an den Strand geworfen finden.

So war es. Sie behielten es im Auge und besonders der Mann, der es zuerst gesehen hatte, tat in dieser Nacht kein Auge zu. Obwohl er also ganz früh auf war, standen ihm andere, genauso früh, nicht nach. Sie suchten zunächst alle näher gelegenen Strände ab, aber erst, als sie zum dritten Teil der Insel gegangen waren, fanden sie es, mit Haut und Haar, an einem der Strände. Sie gingen hinunter – und immer noch gab es da Wetter und Wind auf dem Meer – und da kam ein Sturm ähnlichen Formats auf, mit einer großen Flutwelle. Das Schiff wurde zerquetscht und zerbrach vor ihren Augen. Aber sie konnten nichts machen, weil der Sturm nicht zur Ruhe kam. An diesem Tag mussten sie hochgehen und den Strand verlassen.

Ruhigeres Wetter war dann am Morgen des nächsten Tages. Sie schauten umher und sahen das Meer voll von gelben Klumpen wie Butter, so weit das Auge reichte. Einiges war an den Strand geworfen, wo das Wrack war, anderes an alle Strände ostwärts. Einige Boote fuhren aus und sammelten die Klumpen ein. Das Schiff hatte eine Ladung Palmöl an Bord gehabt, eine gute Sache, des Geldes wert, aber die Insulaner wussten nicht, dass es so war. Wenn sie es gewusst hätten, würden sie sich wohl mehr Mühe gemacht haben, als sie es taten. Das Schiffsfahrzeug hatte keine Eisenbolzen im Rahmen, sondern nur Bolzen aus Messing und Kupfer. Sie sammelten im Laufe der Zeit einen guten Anteil davon auf und bekamen beim Verkauf dafür einen guten Preis in Gold, denn es kamen sogar Leute von Übersee, um von ihnen zu kaufen.

Als die Palmöl-Saison zu Ende war und der letzte Klumpen, bis auf einen, der mit der Flut ging, aufgesammelt war, wandten sie sich zum Strand, wo der Schiffskörper war. Da fand wohl der eine einen Messingbolzen, der so groß war, wie er selber, ein anderer einen Kupferbolzen. Sie fanden diese Bolzen den größeren Teil des Jahres über bei Ebbe, so dass sie ohne Verlust durch das erste Jahr der Hungersnot kamen, dank dieses Schiffes. Nachdem sie die Segel, Rundhölzer und Bretter aufgehoben und verkauft hatten, bekamen sie aus allem gutes Geld. Das war das erste Jahr der Hungersnot und es ging ihnen nicht einmal so schlecht.

Im nächsten Jahr wuchs wieder keine Pflanze aus der Erde und das vergangene Jahr half ihnen nichts mehr. Sie brauchten einen solchen oder einen anderen Glücksfall, um über die Runden zu kommen. Noch war nicht viel Zeit in diesem Jahr vergangen, als zur Frühlingszeit noch ein Zweimaster vom Wetter getrieben zu ihnen kam, dessen Steuerungsgetriebe ausgefallen war. Es war unterhalb der Häuser an eine weiße Sandküste geworfen worden und das ist eine bösartige Küste an einem stürmischen Tag, wenn man jemanden draußen auf dem Meer retten will.

Einige der Mannschaft wurden auch nicht gerettet, obwohl die Insulaner ihr Bestes gaben. Einige von ihnen konnten sie an Land ziehen, andere schlüpften ihnen aus der Hand. Es war mit Weizen beladen. Als das Fahrzeug zersplitterte, kam der Weizen in einer weißen schäumenden Masse heraus. Ein großer Teil davon wurde zu ihnen in die Felsspalten rund um die Insel gespült. Sie sammelten ihn so eifrig wie möglich auf, denn sie wussten sehr gut, dass es Nahrung war, was immer mit dem Palmöl im vergangenen Jahr gewesen sein mochte. Sie hoben ihn auf, trockneten ihn und taten so viel ins Lager, dass sie sich damit über das Jahr quälen konnten. So wurde das zweite Jahr der großen Hungersnot auch nicht so schlimm für sie. Es wäre ihnen übel bekommen, wenn nicht diese beiden Chancen ihres Weges gekommen wären. Das dritte Jahr quälten sie sich auch hindurch und brachten es hinter sich, obwohl in dem Jahr sich keine Chance ergab. Aber Gottes Hilfe war ihnen nah, denn in dem Jahr danach gab es eine Veränderung zum Guten, und die Welt wurde besser und besser mit jedem Tag bis Heute, Gott sei gelobt.«

An den Ort des ersten dieser Glück bringenden Schiffswracks wird erinnert, wie ich vermute, in dem Namen eines der Inselstrände: *Cladach an Chopuir*, der Strand des Kupfers. Diese Art, Orte nach berüchtigten Ereignissen zu benennen, ist verantwortlich für vieles in der Namensgebung der Insel. Es gibt eine Landsenke, an dem Punkt, wo die Nordfront der Insel, in die westliche Fläche übergeht, deren Name *An Leaca Chlúch* ist. *Tomás* besteht darauf, dass dies eine Verballhornung des älteren *Leaca Dhúch* ist, »der leidvolle Abhang«. Dieser Name ist von einem schrecklichen Ereignis abgeleitet, das an dem Meeresteil passierte, der direkt unter dem Hang liegt. Wenn man den Bergrücken überquert, der zu dieser Stelle führt, *Mám na Leacan*, schaut man herunter auf eine ruhige Strecke des Wassers, wohingegen die Meerdurchfahrt dorthin unruhig ist durch kleine Inseln, versunkene Felsen und plötzliche Flutstrudel.

»Es gab kein Teil des Meeres,« sagte *Tomás*, »das in den alten Tagen so bekannt war für Fisch, wie das Stück an diesem Abhang: Alle Arten von Fisch, mit Angelrute oder Netz gefangen. In jenen Tagen gab es noch keine Kompasse in der Grafschaft Kerry, und dennoch gingen Boote von daher aus, um hier zu fischen. Sie taten das unaufhörlich, Tag und Nacht, bis sie ihr Boot voll mit jeder Art von Fischen hatten, die man verwenden konnte. Nachts benutzten sie das Schlagnetz, tagsüber die Angelrute. Sie hatten allerdings immer ein wachsames Auge auf das Wetter, denn es war eine üble Passage, die dahin führte, mit Flutstrudeln und versunkenen Felsen. Es kam eine schöne Nacht, ohne Dünung oder Wind, und die Boote glitten an ihren Nachtplatz wie schwarze Krähen. Jeder von ihnen passierte die westliche Durchfahrt ohne Furcht. Sie fingen an zu fischen und es dauerte nicht lange bis es Nacht wurde, die mit einer leichten Dünung an den Felsen begann, Schauer kamen auf aus Nordwest und mit ihnen Wind. Der Wind hatte noch nicht lange geblasen, als sich eine Sturmsee gegen das Land erhob. Sie alle brachten ihre Netze ein und das in beachtlicher Geschwindigkeit und mit Hand und Fuß. Ein guter Teil derer, die zuerst damit begonnen hatten, kamen sicher heim, aber die Windstösse fegten so viele Boote hinweg, dass es sechzehn Witwen gab, als der Morgen graute. Obwohl also dieser Hang so viele Todesopfer gefordert hat, musste er am Ende doch dafür bezahlen, denn die Boote waren nicht mehr so darauf aus, hierher zu fahren, wie sie es vorher gewesen waren.«

»Unsere Liebe Frau vom Rosenkranz«

Die Durchfahrt, in der diese Tragödie sich ereignete, war zweifellos der Weg vom Meer herein, zwischen dem langen Felsrücken, unter dem Namen »*Carraig Fhada*« bekannt, und den »Felsen der Straße«, die Meeresstelle zwischen *Beiginis* und den Riffen. Dieselbe Durchfahrt war der Anlass für ein viel schlimmeres Unglück in der fernen Vergangenheit, als die zerschmetterten Schiffe der Armada kamen, um sich zwischen den Inseln vor der Wut des offenen Atlantik zu bergen. Wenn man heute auf das wütende Tohuwabohu von Felsen und Meer schaut, kann man sich kaum vorstellen, wie die großen, schwer zu manövrierenden Galeonen einen Weg durch die offenen und verborgenen Gefahren dieser Passage gefunden haben können. Ich erinnere mich an einen Tag vor fünf Jahren, an dem ein weit entfernt tobender Sturm draußen im Atlantik, die letzten seiner Wellen hereinschickte, um den Inseln Schaden zuzufügen. Es war etwas Furchtbares in der plötzlichen Erhebung des Meeres an einem Tag ruhiger Lüfte, denn die großen Sturzwellen erschienen so, als trieben sie zu uns aus einem freien, nicht vorhersagbarem Entschluss, unabhängig vom Willen des Himmels. Lange bevor sie die Linie der Riffe erreichten, die am Punkt der Insel auslaufen, begannen ihre Schaumkronen umzukippen und dann sich auf die Felsen zu werfen, sich aufzutürmen in unzähligen Fontänen gen Himmel, um zuletzt noch im Fallen die schwarzen Felsen in einem weißen Aufruhr von Schaum zu begraben. Der lange Umriss von *Carraig Fhada* verschwand da ganz, um allmählich hier und da wieder aufzutauchen wie durch Schleier strömenden Schnees, um nur wiederum begraben zu werden, als eine Wasserwand vom Himmel auf ihn herab krachte. Zwischen dieser Insel in Aufruhr und den Felsen der Straße eilten die langen ungebrochenen Wogen herein, um sich selbst zuletzt an der Front von *Beiginis* zu brechen. Die weißen Möwen flatterten über diesem Hexenkessel, gleichgültig gegenüber der Unruhe des Wassers und schwarze Kormorane, niedrig und schnell im Fluge, mit ihrer gewohnten Haltung von Kundschaftern, zu einer Reise geschickt, die keinen Aufschub duldet, schossen pfeilgleich durch die herunterhängenden Wände aus Schaum.

Im Anblick dieses zerstörerischen Meers, kann man erkennen, dass es nur sehr verzweifelte und sehr tapfere Männer gewesen sein können, welche die Durchfahrt durch die Riffe gewagt haben. Aber die Männer der Armada waren ohne jede Frage tapfer (obwohl sie von jemand kommandiert wurden, der möglicher Weise ein Feigling, gewiss aber ein Dummkopf war), und sie hatten allen Grund, verzweifelt zu sein. Über Monate hatten sie alle Extreme des Meeres kennen gelernt und die letzten Qualen von Schlacht, Hunger und Krankheit ausgehalten. Nach dem wochenlangen Kampf im Englischen Kanal, der Nacht der Feuerschiffe in der Straße von Calais und der schicksalhaften Schlacht von Graveline, hatten sie sich nach Norden gewandt, die letzten beharrlichen Feinde abgeschüttelt und waren im Atlantik zwischen den Orkney- und den Shetlandinseln herausgekommen. Der letzte Befehl von Medina Sidonia sollte prophetisch werden für ihr Schicksal: »Der Kurs, der zu halten ist,« hatte er geschrieben, »ist nach NNO, bis unterhalb von 61 und einem halben Breitengrad; und dann ist acht zu geben, dass man nicht auf die Insel Irland zutreibt, aus Furcht vor dem Schaden, der sich an dieser Küste ereignen kann.«

Der Schaden der angerichtet wurde bei so vielen großen Schiffen an dieser Küste, ist Historie geworden, obwohl die ganze erbarmungswürdige Geschichte nie vollständig erzählt wurde. Aufs offene Meer waren sie am 9. und 10. August gekommen und hatten sich auf dem Atlantik den ganzen Monat bis weit hinein in den September hinein herumgeschlagen, hilflose Opfer einer Serie von Wirbelstürmen, welche sie unweigerlich auf die offenen Häfen und unnachsichtigen Klippen der gefürchteten Insel Irland zutrieben. Eine kleine Gruppe von Schiffen, ohnmächtige Wegbegleiter des Sturms, lief am 11. September an der Küste von Kerry auf. Eines von ihnen war das Flaggschiff von Martinez de Recalde, Admiral der ganzen Armada, der bittere Kenntnisse von Corcaguiney besaß, denn er war es, der einige wenige Jahre zuvor jene Flotte kommandiert hatte, die die spanische Truppe angelandet hatte, die dazu verdammt war, die Festung von Smerwick zu schleifen. Ein spöttischer Sturm trieb sie auf die Inseln zu, schmiss sie erneut hinaus aufs Meer und, noch einmal sich anders besinnend, warf er sie an Land zurück.

Am 15. September, kamen Recaldes Schiff »St. Johannes« und ein anderes Schiff, die »St. Johannes der Täufer« vom kastilischen Bataillon, beides große Galeonen von 1050 und 750 Tonnen, bei *Inis Tuaisceart* zusammen, und nahmen Kurs auf Great Blasket und *Beiginis*. Sie wagten den Versuch nicht, die Durchfahrt zwischen *Beiginis* und dem Festland zu nehmen, aus Furcht vor den Klippen von Dunquin und dem vorspringenden Vorgebirge von *Dún Mór*. Deshalb riskierten sie mit verzweifeltem Hasard die Stelle zwischen *Carraig Fhada* und den Riffen, die nur eine Schiffslänge breit war. Irgendwie kamen sie zwischen den Gischt spritzenden Felsen hindurch und setzten Anker auf dem sandigen Grund zwischen den Inseln. Recalde sandte ein Boot zum Festland, um Wasser zu holen und dessen Mannschaft fiel in die Hände der Engländer, die auf den Klippen ein Spalier bildeten. Ein weiteres Boot hatte besseren Erfolg und brachte das Wasser herbei, dessen sie so verzweifelt bedurften.

Einige Tage lang blieben sie dort vor Anker. Am 21. September gesellte sich zu ihnen die »Unsere Liebe Frau vom Rosenkranz«, die durch die Passage am Land entlang hereinkam, und ein anderes Schiff, die »St. Johannes von Ragusa«, die ihren Hauptmast verloren hatte, der während der Durchfahrt in Fetzen zerrissen wurde, und mit dem Vorsegel einkam. Und als von Südosten die Flut heranrollte, lichtete sie den Anker und trieb über den Sund, kollidierte mit einem Felsen unter den Klippen und sank mit der ganzen Mannschaft. Nur ein Mann, Johann Anton von Genua, der Sohn des Lotsen, erreichte die Küste und wurde sofort von den erbarmungslosen Wachen ergriffen, die dort stationiert waren.

In Dingle wurde er verhört und er hatte eine merkwürdige Geschichte zu erzählen. Seine Aussage ist in den Staatspapieren aufgezeichnet: »Der unechte Sohn des Königs«, sagte er und sprach vom Prinzen von Asculo, einem unehelichen Sohn von Philipp II., »kam in Begleitung des Schiffes von Herzog Medina Sidonia, der Galeone namens ›St. Martin‹, mit 1000 Tonnen. Aber in Calais, als Sir Francis Drake ihnen näher kam, ging dieser Prinz in einer Pinasse an die Küste, und vor seiner Rückkehr wurde der Herzog dazu bewegt, die Verbindung abzubrechen, die Anker zu lichten und in See zu stechen, wobei der Prinz das alte Schiff nicht wieder erhielt, sondern ein Schiff namens ›Unsere Liebe Frau vom Rosenkranz‹ übernahm, mit Pedro, Don Diego, Don Francisco und anderen. Sein Schiff kollidierte mit Felsen im Sund von Blasket, wobei ein Kapitän den Lotsen tötete, den Vater des Verhörten, mit der Behauptung, es sei Verrat gewesen. 4000 wurden in der Schlacht von Calais getötet und 1000 ertranken in diesen zwei Schiffen. Die ganze Gesellschaft, inklusive des Sohnes des Königs von Spanien von niederer Geburt, der Prinz von Asculo, ertranken am letzten Dienstag, ausgenommen nur der Verhörte.«

Es ist wie die Szene bei der Eröffnung von Shakespeares »Sturm«; der königliche Passagier der Gnade der Schreihälse ausgeliefert, die nichts auf den Namen des Königs geben, die Verwirrung auf dem Schiff bis zum Äußersten und der Ausruf über den Lotsen:

So prellen Säufer uns um unser Leben.
Der weitgemaulte Schurk! Lägst du ersaufend
Zehn Fluten lang durchweicht!

Und so geschah es. Zehn Fluten und mehr als zehn Fluten müssen die zerbrochenen Körper gewaschen haben an den schartigen Felsen dieser gefährlichen Küste. Und von der ganzen Tragödie, ist alles, was im Gedächtnis der Leute geblieben ist, das Schicksal dieses besagten Prinzen von Asculo. Nahe dem Schulhaus von Dunquin mag man wohl immer noch ein Grab sehen, das die Leute »Das Grab des Königssohnes aus Spanien« nennen. Von all den anderen, die gestorben sind an diesem Tage, ist nichts verzeichnet, denn ihnen fehlte der Glanz eines, wenn auch illegitimen, Königtums, um ihre Namen auf den Lippen lebendig zu halten.

Dieser Schiffbruch von »Unsere Liebe Frau vom Rosenkranz« geschah mit der Wendung zur Ebbe um zwei Uhr nachmittags. Um vier Uhr desselben Nachmittags kam die »St. Johannes von Ragusa« ein, Fernando Horras Schiff, und ersuchte um Hilfe, die nicht gegeben werden konnte, wegen der Heftigkeit des Sturms. Am nächsten Tag, dem 22. September, sandte Recalde ein Boot aus und die Männer und der Schatz wurden geborgen, aber es zeigte sich unmöglich auch die Gewehre zu bergen. Auch dieses Schiff sank irgendwo im Sund. Am 23. September wurde ein verzweifelter Versuch gemacht, von den Inseln auszulaufen, aber der Wind fiel und die Schiffe begannen, mit der Flut auf das Land zu treiben. Erneut mussten sie vor Anker gehen. Die Nacht brach herein und mit der Nacht erhob sich ein Wind von Südost und begann, die Schiffe auf den Inseln zusammenzudrängen. Sie empfahlen sich der gebenedeiten Jungfrau und fuhren noch einmal durch die Riffe. Es war eine dunkle Nacht, der Himmel war in Wolken eingehüllt, aus dem ein heftiger Regen goss, und das Meer erhob sich bis zu den Felsen. Jedoch, mehr durch Glück, als durch

Können konnten sie die Inseln verlassen und standen draußen auf dem Atlantik.

Die nächsten paar Tage taumelten sie auf dem Meer umher und der unberechenbare Wind trieb sie diesen oder jenen Weg. Die kranke, ausgehungerte Mannschaft war kaum dazu fähig, die Seile einzuholen, so wie das Schiff umher geworfen wurde, die Gewehre im Ballast rollten mit der Wellenrichtung von Seite zu Seite und große Seen kamen an Bord zwischen den Aufbauten von Bug und Heck. Dann aber fanden sie schließlich den Heimweg nach Spanien und Recalde legte sich ins Bett, das Herz gebrochen von der Schande, dass dieses große Unternehmen schief gegangen war, und starb ruhig zwei Tage später.

Es ist schon ein Wunder, dass es keine Überlieferung von diesem riesigen Unglück bei den Leuten mehr gibt. Die Galeonen waren Tage lang die Inseln abgefahren, zwei von ihnen waren im Sund untergegangen, die Klippen waren überfüllt mit Zuschauern, die herunter blickten auf die großen Pötte, mit ihren geflickten Rümpfen und die in Unehre geratene Vergoldung ihrer Heckgalerien, ihre gebrochenen Maststangen und die zerfetzten Segel, und ihre gespenstische Gesellschaft, mit Krankheit geschlagen, hohlwangig vor Hunger und halb wahnsinnig von dem Schmerz der vergangenen Erfahrung und der gegenwärtigen Furcht. Wir haben gesehen, dass eine reale Überlieferung vom Königssohn überlebt hat, aber von den Übrigen hatte die Gnade des Vergessens das Ausmaß ihres Unglücks verborgen, bis mit der neugierigen Recherche von Heute es ausgegraben wurde aus den Aufzeichnungen in England und aus den vergilbenden Papieren Salamancas. Die Leute behielten ihre Tränen für ihre eigenen Katastrophen und an die sechzehn Witwen vom »Leidvollen Bergabhang« erinnert man sich besser, als an die vielen hundert Männer, die mit der Galeone »Unsere Liebe Frau vom Rosenkranz« untergegangen sind.

PIERCE FERRITER

Volksüberlieferung ist in der Tat eine launenhafte und unberechenbare Sache. Sie erinnert sich, aber nicht so, wie Geschichte sich erinnert, sondern indem sie auf Elemente von Gepräge und Ereignis setzt, die im Gedächtnis des Volkes der eigenen Denkweise angepasst werden kann und rücksichtslos alles beiseite räumt, Zeiten und Charaktere durcheinander bringt, und aus dem Wrack der Geschichte ihre eigene zeitlose Welt baut. So hörte ich eine Liedzeile, die erzählte: »Patrick Sarsfield, der den Iren Gesetze gab in den Tagen von Königin Elisabeth.«[10] Auch ein anderer Held des 17. Jahrhunderts, Pierce Ferriter, dessen Heimat hier auf dem Lande war, hat eine eigenartige Veränderung erleben müssen: Sein Überleben im Gedächtnis bezahlte er mit dem Verlust der meisten Charakterzüge, die den noch lebenden Mann so edel von anderen unterschieden hat.

---

10 Patrick Sarsfield (1660-1693) wurde 57 Jahre nach dem Tod von Elisabeth I. geboren, kann also in elisabethanischen Tagen keine Gesetze gegeben haben. Das lag ihm auch fern, denn er war unter James II. Generalmajor und kämpfte an seiner Seite gegen Wilhelm von Oranien. Er war ein sehr erfolgreicher Befehlshaber und zeichnete sich auch in der Schlacht von Boyne aus, die allerdings 1690 mit der Niederlage der jakobitischen Truppen endete, mit verheerenden Folgen für das religiöse und kulturelle Leben Irlands. 1691 segelte er mit vielen Landsleuten nach Frankreich, um dort in den Dienst Ludwigs des XIV. zu treten, was als »Flight of the Wild Geese« (Flucht der Wildgänse) in die Geschichte einging. 1693 wurde er in der Schlacht von Landen tödlich verwundet.

Den Namen Pierce Ferriter hörte ich auf der Insel zuerst auf seltsame Weise: Wir saßen eines Nachts in der Küche des Königs und redeten müßig über alles und nichts, als die Tür aufging und ein ziemlich müder Mann hereinkam. Bei seinem Eintreten fiel eine völlige Stille über die Gesellschaft und der Sohn des Königs stand von der Sitzbank auf, ging in das Innenzimmer und brachte etliche Kisten mit grobem weißen Brettern mit. »Wird das reichen?« fragte er. »Ja, das reicht«, sagte der andere, nahm die Kisten, machte auf dem Absatz kehrt und war ohne ein weiteres Wort verschwunden. Einige Minuten lang hing ein lastendes Schweigen über der Gesellschaft. Dann fing der eine an zu reden, der andere antwortete und das müßige, gleichgültige Gerede ging weiter. Es sollte bis zum nächsten Morgen dauern, dass ich die Bedeutung dieser Szene verstand.

Der Tag brach an mit Regen und nach dem Frühstück saß ich lesend am Feuer, während der Tagesbedarf an Brot im Topf auf dem Herd gebacken wurde. Bei einem plötzlichen Aufschrei der Tochter des Königs erhob ich mich und warf einen Blick aus dem Fenster. Eine kleine Prozession kam von der Höhe des Dorfes und von jedem Haus kamen, als sie sich vorbeibewegte, Männer, Frauen und Kinder und schlossen sich ihr an. Die Tochter des Königs nahm den Topf vom Feuer, stellte ihn sorgfältig auf die glimmenden Torfsoden, wandte sich mir zu und sagte: »Es ist die Beerdigung. Kommst du?«

Ein paar Worte erzählten mir alles. Ein neugeborenes Baby war gestorben und in der Nacht zuvor war der Vater zu uns gekommen, Bretter zu holen, um den Sarg zu machen. Er lief nun an der Spitze der Prozession durch den Regen, mit der kleinen Kiste unter dem Arm, die er zusammengehämmert hatte, aus dem rohen unheiligen Holz. Wir gingen auch hinaus und schlossen uns der Gesellschaft an. Die Prozession schlängelte sich an den verstreuten Häusern des Dorfes vorbei und wurde ständig größer. Die Männer trugen ihre Filzhüte, die Frauen hatten ihre Schals ganz dicht um den Kopf gewunden und alle befanden sich in einer sprachlosen Trance aus Leid und Ehrfurcht. Der Regen fegte über den Sund und trieb in lang gezogenen Schleiern über die leblose Ruhe des Meeres und die Insel schien wie abgeschlossen von der ganzen übrigen Welt durch diese sich verschiebenden Wasserwände unter dem schweren Himmel.

Wir gingen auf einen kleinen Felsvorsprung hinter den Häusern zu und hielten an einer zerzausten Stelle mit feuchtem klebrigen Gras und mit hier und da verstreut herumliegenden Steinen. Ein Mann hatte mit dem Spaten ein flaches Grab ausgehoben und dort legte der Vater mit müder Gebärde sein Kind hinein, unter dem Schluchzen der Frauen und den gemurmelten Gebeten der ganzen Gemeinde. Die Erde wurde wieder hineingeschaufelt und schloss sich fast ohne einen Laut über der kleinen Kiste, ein paar Gebete wurden gesprochen und dann wandten wir uns apathisch ab und überließen die einsame, noch nicht flügge gewordene Seele ihrer Ewigkeit und kehrten durch die unebenen Pfade zwischen den Häusern zurück, freiwillige oder unfreiwillige Gefangene der Zeit. Es war nun ungefähr elf Uhr, der Wendepunkt des Tages, und als wir noch gingen, brachen die Nebel, die blauen Stellen am Himmel wurden größer und die wiederkehrende Sonne schien die fliegenden Regenböen zwischen Insel und Festland auszutrocknen und uns der Welt zurück zu geben. Die sich zerstreuenden Gruppen gingen dazu über, wieder zu reden und das Leben, das für einen so kurzen Moment ausgesetzt hatte vor dem nackten Felsvorsprung über dem grauen Wasser, nahm im ruhigen Sonnenlicht über dem funkelnden Meer seinen üblichen Kurs wieder auf.

Das Haus von *Tomás* liegt im unteren Dorf, nicht weit von diesem ungeweihten Friedhof und ich ging mit ihm zusammen hinein, um ein Weilchen zu reden und, wenn es ging, die Bedrückung durch die Ereignisse dieses Morgens abzuschütteln. Er scheuchte die Katze weg, die den besten Platz vor dem Feuer eingenommen hatte, und ich setzte mich auf einen kleinen Stuhl, meine Füße am Torf, und beobachtete, wie der Rauch sich hoch kräuselte und dann im offenen Schornstein verschwand. Er bezog seinen Platz auf der Sitzbank und begann über die Stelle zu sprechen, die wir gerade verlassen hatten. Dort, sagte er, hätten die Insulaner gewöhnlich Selbstmörder und ungetaufte Kinder begraben. Ein trauriges Zusammenkommen, dachte ich, von denen, die noch nichts kennen gelernt und solchen, die zu viel vom Leben gesehen hatten.

»Ich erinnere mich gut«, fuhr er fort, »wie wir einst, als wir ein Grab aushoben, unter der Erde behauene Steine fanden und es waren Spuren von Kalk an den Steinen. Man sagte, Pierce Ferriter habe dort seine Burg gehabt, einen Ort, an den er fliehen konnte, wenn die Verfolgungsjagd ihm zu heiß auf den Fersen war.«

»Pierce Ferriter?« rief ich aus. »Das war doch der Dichter.«

»Ja, ein Dichter war er, aber er hatte auch noch andere Seiten, jenseits der Dichtkunst. Er hat viele außerordentliche Taten getan, die den König und seine Leute nicht erfreut haben. Darum stand er unter Beobachtung und ehe sie ihn zum Schluss fingen und ihn hängten, hat er manchen Ausweg gefunden, um seine Füße von ihnen frei zu bekommen. Sie taten ihr Bestes, um ihn zu erwischen, aber für eine gute Weile war er zu klug für sie. Er hatte seine Burg am Rande der Klippe gebaut und pflegte darin zu wohnen. Aber als ihm die Verfolgungsjagd zu nahe kam, besaß er noch eine andere Stelle, eine im Hügel liegende Höhle, wohin weder Reh noch Adler hinein kommen konnten.

An einem Tag dieser Tage, an einem frühen Sommermorgen, lebte er gelassen in seiner Burg und streckte seinen Kopf heraus. Und was sah er da? Die Wachposten, ihm genau gegenüber. Schrecken ergriff ihn, weil sie schon so früh am Morgen draußen waren und er hatte keine Zeit, an eine Ausflucht zu denken. Er sagte sich selbst, das Beste wäre sich zu ergeben und es leicht zu nehmen.

Er sagte deren Kapitän, wenn er es sei, den sie wollten, würde er mit Freuden mit ihnen gehen, denn es habe nun schon zu lange gedauert mit seiner ständigen Flucht, und er würde lieber mit ihnen gehen, um alles zu erleiden, was sie ihm antun würden, als noch weiter dieses Leben zu führen, das er gelebt hatte. Sie waren hocherfreut, denn sie hatten gedacht, er würde mit ihnen kämpfen, wie er es zuvor oft genug getan hatte. Sie stimmten alle gemeinsam zu und Pierce sagte ihnen, sie seien sicher zu lange schon ohne Essen und Trinken gewesen und, dass er Befehl geben würde, für sie ein Essen zu bereiten, wenn sie es wünschten. Der Kapitän sagte, so sei es und sie hätten es sehr nötig. Pierce befahl dem Mädchen, das Essen zu bereiten und er lud sie ein, mit ihm auf den Bergkamm zu gehen, wo sie eine schöne Aussicht genießen könnten, während der Vorbereitung des Essens. Er schlug ihnen vor, ihre Gewehre beiseite zu legen, um nicht zu beschwert zu sein. Als sie ihn so guter Dinge vorfanden, wurden sie auch guter Dinge und befolgten alles, was er ihnen sagte. Sie warfen ihre Gewehre beiseite und, bevor sie auf den Hügel stiegen, sprach Pierce heimlich mit dem Mädchen und gebot ihr, sie solle mit dem Wasser über die Gewehre nicht sparen, wenn sie außer Sichtweite seien. Das Mädchen von Pierce war keine Närrin, denn, wenn sie es gewesen wäre, hätte er sie nicht gewollt.

Schon ging es los: Sie kletterten den Hügel hinauf und verbrachten eine gute Weile mit einem Spaziergang dort, bis die Zeit kam, da das Essen fertig war. Da wandten sie sich zurück zur Burg. Als sie ihr näher kamen, sagte Pierce, er werde vorangehen, weil der Weg etwas mühselig sei. So ging er ihnen voran und als er drinnen war, gab es da an der Burg eine Ecke über der Klippe, wo nur ein Mann auf einmal gehen konnte. Der nächste Mann konnte nicht wissen, wo vor der Burg sein Vordermann anhalten würde. Als der erste Mann um die Ecke kam, wo Pierce war, bewarf ihn Pierce mit einem Stück Holz und mit diesem Wurf sandte er ihn die Klippe hinunter. Den darauf folgenden Mann genauso und so mit allen bis zum letzten Mann, wobei keiner von ihnen wusste, wo der Mann vor ihm hingegangen war. Schließlich lagen da in der Bucht die Leichen von fünfzig Männern auf einem Haufen. Pierce hatte Glück an diesem Tag, jedoch wäre es ihm in seiner Burg nicht so gemütlich vorgekommen, hätte er gewusst, dass die Verfolgung ihm so nahe auf den Fersen war.«

»Na ja«, sagte ich, als die Geschichte zu Ende war, »das war ein schlechter Tag für die Soldaten.«

»So war es wohl«, sagte er, »aber für Pierce wäre es ein genauso schlechter Tag geworden, hätte er nicht seinen Mutterwitz gehabt.«

»Hast du denn auch eine Geschichte«, sagte ich, »über die Höhle des Pierce, hinter dem Hügel?«

»Ja«, antwortete er, »und da war es, wo er das Gedicht gemacht hat.«

»Was für ein Gedicht?«

»Warte nur, dann wirst du es an der richtigen Stelle innerhalb der Geschichte hören. Denn jede Geschichte hat ihre Reihenfolge und das wäre ein armseliger Geschichtenerzähler, der das Ende vor den Anfang stellt.«

»Dann sollst du weitermachen«, sagte ich, »und ich werde auf das Gedicht bis zum Ende warten.«

»Nun ja, immer, wenn Pierce fühlte, dass ihm die Verfolgung zu nahe kam, floh er in seine Höhle, die sich in der steilsten und übelsten Klippe der Insel befand. Es gibt viele Männer der Insel, die heutzutage dort nicht hingehen, wo sie ist. Wie dem auch sei, oft fühlte er sich darin einsam, in Sturmtagen und Unwetter. Das große Meer kam dann herauf und er konnte das Geräusch der brüllenden Dünung da unten hören. An der Stelle, wo diese Höhle ist, gibt es eine große breite Steinplatte, mit einem Loch, das nach unten führt zu einem schönen unebenen Platz. Sechs Fuß davon entfernt gab es einen großen Ausfluss von Quellwasser, was für ihn günstig war. Ständig gab es da fallende Tropfen vom mittleren Stein, der die

Quelle überdachte und für ihn war es immer ein Wunder, dass es einen Tropfen im Herzen des Steines gab, während der ganze Rest der Höhle so trocken wie Fuchserde war. An einem Tag dieser Tage lag er der Länge nach darin und dieser Tropfen fiel auf ihn, und da machte er den folgenden Vers:

Hast kein Erbarmen, Gott, dass ich so liege;
Einsam und kalt, nur Nacht zu sehen kriege;
Der Tropfenquell vom steinern Herz für mein Ohr nie stille war,
Da unten die Stimme des Meers: Hallt sie immer so nah?«

Ich schrieb den Vers auf und überließ die Aufzeichnung der Geschichte einer anderen Zeit. Der Tag, von dem ich rede, war im Frühling dieses Jahres. Der Torf war gestochen, zum Trocknen auf den Bergabhang ausgelegt worden und war nun fertig, um im Schober aufgestapelt zu werden. *Tomás* erhob sich und ging zur Anrichte am unteren Ende der Küche und goss mir an der Tür ein Glas Milch ein. Ich trank es und dann gingen wir zusammen hinaus in die warme Mittagssonne. Wir gingen durch das Dorf hoch im langsamen Tempo der Insel. Denn niemand wird sich da jemals beeilen: Der gemächliche Passgang der kauenden Esel setzt die Geschwindigkeit für die langsamen Aktivitäten des Tages fest.

Tomás' Schober liegt nur ein kleines Stück über den Bergkamm hinaus und, dort angekommen, setzte ich mich auf einen breiten Stein, der aus dem Boden des Schobers heraus gefallen war, während er den Torf von kleinen Stapeln mit Torfsoden, die den Erdboden bedeckten und eine gegen die andere aufgerichtet waren, aufbaute.

Lange Praxis hatte alle Aktionen der Inselökonomie unbewusst werden lassen und seine Hände arbeiteten leicht und mit Sicherheit ganz von selbst, während sein Sinn und seine Rede immer noch auf Pierce Ferriter und seine wilden Taten gerichtet waren. Denn in der Volksüberlieferung ist Pierce auf befremdliche Weise der Galanterie seiner historischen Gestalt beraubt worden, dieser Dichterhäuptling, dessen Gedächtnis mit einer Art von heroischem Liebreiz hervorragt aus den turbulenten Hintergründen der Kriege von 1641. Seine Gedichte sind eine eigenartige Mischung aus den Klagen, Lobpreisungen und Satiren der irischen Tradition und der Liebeslyrik der europäischen Mode, seltsam verändert durch die Alchimie der irischen Sinnesart, die, wenn sie übersetzt, nie etwas so lässt, wie sie es findet, sondern unvermeidlich eine starke Infusion von heimischer Redeweise und Sicht hineinmischt, welcher ausländische Stoff auch immer daher kommen mag. Seine Taten sind in der melancholischen Geschichtsschreibung des 17. Jahrhunderts beschrieben:

Er lebte ein Leben aus Kampf und Streit
Und starb durch Treulosigkeit.

Dies alles wurde noch einmal in der einfachen Überlieferung auf dem Lande verändert. Seine aktuellen Gedichte sind zumeist vergessen, obwohl Bruchstücke hier und da noch im Gedächtnis sind und mir wurde erzählt, dass sogar im fernen Donegal eines seiner Gedichte in unseren Tagen von lebendigen Lippen gesprochen wurde. Aber zum großen Teil wurden ihm die vagabundierenden Verse zugeschrieben, die keinen zu entdeckenden Vater haben und auch viele seiner Aktionen haben einst andere Helden geziert, ehe der machtvolle Zauber seiner Persönlichkeit sie auf ihn selber bezog. Er wurde der typische »Mann unter gnädiger Obhut«, der Held eines hundertfachen Entkommens, ein Kamerad mit grenzenlosen Talenten und Schlichen, der immer wieder den Kopf aus der Schlinge zog, die auf ihn wartete und die ihn doch am Ende bekommen sollte. Als aber dieses Ende kommt – die Galgen auf dem Schafshügel in Killarney – flammt seine heitere Galanterie noch einmal auf und als Ehrensache wirft er seine Lebenshoffnung weg: Ein Priester, so erzählt die Sage, hatte ihm ein Stück einer geweihten Oblate gegeben und ihm versprochen, er würde nicht sterben, solange er dieses heilige Brot unter der Zunge behielte. Drei Mal versuchte man ihn aufzuhängen, drei Mal riss der Strick. Nach dem Gesetz des Galgens war er nun frei. Aber, als er hinwegging, kam ihm ein plötzlicher Gedanke: »Nicht will ich leben,« rief er, »um ›Der vom Strick übrig ist‹ genannt zu werden!« Und er wandte sich um, spie das Stück Zauberoblate aus und beugte noch einmal den Nacken für die würgende Schlinge.

SEÁN O DUÍNNLÉ

Die Insel hatte weitere zweihundert Jahre auf den nächsten Dichter zu warten. Es war ein rauer und heftiger Menschenschlag, berichtet *Tomás,* der ein hartes Leben lebte, im Streit mit der Welt, und sie hatten wenig Zeit für Poesie, Gebete und Zaubersprüche und andere kindische Dinge.

Aber mit der Morgenröte des 19. Jahrhunderts wurde im Haus einer von weither eingewanderten Familie Dunlevy ein Dichter geboren, dessen Gedächtnis unter den Leuten immer noch lebendig ist. Es war die Zeit der Napoleonischen Kriege und das Jahr, das die Geburt des Dichters sehen durfte, sah auch den Bau des grimmigen Aussichtsturmes, der einen der Inselhügel krönt. Dieser Turm wurde ungefähr zur Zeit der Union errichtet und er überlebte praktisch unversehrt, solange die Union selbst bestehen blieb. Dann, vor nur einigen Jahren, sah ein spät aufgebliebener Beobachter ein plötzliches Feuer vom Himmel fallen. Knaben, die des Morgens hinausgingen, ihre Kaninchenschlingen abzusuchen, brachten die Nachricht zurück, der Turm sei durch einen Blitzschlag in der Nacht auseinander geborsten. Seine Tage waren gezählt und sein Ruin damit vollendet.

Im Laufe seiner Lebensdauer von einem Jahrhundert war es zu einer gehäuften Legendenbildung über ihn gekommen und noch Leute mittleren Alters erzählen einem, wie die alten Frauen sie in ihrer Kindheit mit Geschichten von der »Weißen Frau im Turm« zu erschrecken pflegten, eine vage geisterhafte Erscheinung, über die jetzt nichts Greifbares mehr in Erfahrung zu bringen ist. Eine andere Geschichte über den Turm hat eher die authentische Farbe der Geschichte. Zuerst hörte ich sie von einem Mann, der eine Kuh auf dem Abhang des Hügels hütete, der jenseits des Turmes weiter hinten auf der Insel liegt. Es war ein warmer Tag im Herbst und ich war die Straße entlang gegangen bis dorthin, wo sie an einer breiten Stelle endet, nicht so abschüssig wie der übrige Abhang, der noch immer »*An Pháirc*«, das Feld, genannt wird und es zeigt noch immer die Markierungen alter Ackerfurchen und in seinen Flurnamen die Spuren alten Ackerbaus. Es wird erzählt, es hätte nicht weniger als sieben Pfluggespanne gegeben, die hier im Einsatz waren, alle voreinander verborgen durch die Faltungen der unebenen Oberfläche. Es ist aber zu weit von den Häusern entfernt, um heute noch bearbeitet zu werden und nun sind es allein Kühe und Schafe, die darüber wandern und das süße Gras fressen, das um so reicher wächst auf diesem verlassenen Ackerland.

Ich war schläfrig von der Sonne und dem blauen Glitzern des Meeres und legte mich, nachdem ich einen passenden Torfschober gefunden hatte, in seinem Schutze nieder und träumte träge über meinem Buch. An so einsamen Plätzen führt ein unwiderstehlicher Magnetismus die menschlichen Wesen zusammen und als ich aufsah, konnte ich erkennen, dass der Hirte seine Kuh verlassen hatte und herüber gekommen war, in der Hoffnung, einen mitteilsameren Kameraden zu finden. Er lehnte sich über mich und sprach:

»Das Auge wird nicht satt zu sehen, das Ohr wird nicht voll vom Hören.«

»Das ist ein seltsamer Spruch«, sagte ich. »Wo hast du ihn her?«

»Man könnte denken, es sei ein Sprichwort«, erwiderte er, »aber ich habe es aus einem Buch.«

»Was für ein Buch?«

»Es war das Buch, das der weise Mann namens Thomas à Kempis auf Latein vor Jahrhunderten geschrieben hat.«

»Und hast du es auf Lateinisch gelesen?«

»Nein, ich habe es überhaupt nicht gelesen. Aber das lateinische Buch wurde ins Irische durch einen Mann meines Namens übertragen, einer von den O'Sullivans, und ein Geistlicher auf dem Festland besaß dieses Buch. Er verlieh es an einen Mann von der Insel, einen der »Souper«,[11] der lesen konnte. Ich hörte ihn aus dem Buch vorlesen, als ich noch jung war, und seitdem habe ich für immer diesen Spruch in mir.«

»Nun«, sagte ich, »es ist schon merkwürdig, wie es zugeht. Ich habe den Spruch in einem Buch mit irischen Sprichwörtern gesehen und dennoch stammt er von Thomas à Kempis, und auch er hat ihn nicht zuerst ausgesprochen, sondern es ist aus der Bibel selbst, woher er es hat.«[12]

»Ich finde das nicht merkwürdig«, sagte er, »denn sogar Sprichwörter hatten einmal ihren eigenen Anfang; einige Menschen sagten jedes Sprichwort zuerst aus dem Gedächtnis und warum sollte dann nicht eines auch aus der Bibel selbst stammen?«

»Du hast recht«, antwortete ich, und wir ließen die Frage nach dem Ursprung der Sprichwörter beiseite, denn es war zu heiß, um den Kopf mit dem Wie und Warum der Dinge zu belästigen. Er zündete eine Pfeife, ich eine Zigarette an, und wir beobachteten, wie der Rauch hoch in die bewegungslose Luft trieb, wobei der eine oder andere von uns lustlos ein Wort fallen ließ, so wie die Stimmung es eingab. Die unterbrochene Unterhaltung wanderte, so müßig wie der Rauch, von der einen Sache zur anderen und machte sich schließlich am Turm fest, der vor unserer Ansicht durch eine Erdfaltung des Hügels hinter uns verborgen war.

---

11 Eine Erinnerung an die »Great Famine«, die große Hungersnot von 1845 bis 1847: Protestanten betrieben Suppenküchen in den von Hungersnot betroffenen Gebieten und verbanden dies mit Missionierung der katholischen Bevölkerung. Diejenigen, die »schwach« wurden und konvertierten, wurden von den »Standhaften« »Souper« genannt und der verächtliche Ton ist dabei herauszuhören: Seinen Glauben für einen Teller Suppe zu verraten!

12 *Bláheen* hat recht: Prediger Salomonis, Kapitel 1, Vers 8.

»Hast du je von dem französischen Schiff gehört«, fragte er, »das eine Kanonenkugel auf die Insel abgefeuert hat?«

»Nein«, antwortete ich. »Warum hat es denn auf die Insel geschossen?«

»Es geschah so: Da war ein Mann von der Insel, der redete mit zwei Soldaten des Turms da oben auf dem Bergkamm, und sie blickten hinaus auf das Meer. Was aber sahen sie anderes, als ein Schiff, das auf die Insel zu segelte. ›Das ist ein Kriegsschiff‹, sagte der eine der Soldaten, ›und, was noch mehr ist, es ist ein französisches Schiff‹. So hielten sie noch Ausschau, als ein weißer Rauch von der Seite des Schiffes ausging. Die Soldaten wussten genau, was das war und fielen mit ihren Gesichtern auf den Boden. Aber der arme Narr von Insulaner hatte so etwas nie zuvor gesehen und blieb aufrecht stehen, bis er vom Schiff her ein lautes Geräusch hörte und eine Kugel über ihn hinweg flog und sich in den Boden hinter ihnen grub. Da hatte er dann verstanden, was das war, und ich verspreche dir, dass es nicht lange dauerte, das er sich den am Boden liegenden Soldaten anschloss, mit Todesfurcht im Herzen.«

Dieser vereinzelte Schuss war alles, was der Turm je gesehen hat und, bis dann der Blitz vom Himmel, besser gezielt, als die französische Kanonenkugel, seine Mauern zerschmetterte, stand er unverwüstlich auf seinem Hügel. Nach den Kriegen wurden einige Soldaten zurück gelassen, um ihn zu bewachen; dann wurden sie zurück gezogen und ein einzelner Wachtposten kümmerte sich um ihn – »Maurice vom Turm«, nannte man ihn – und zuletzt hatte der König, in der Sprache der Insel gesprochen, »keine weitere Verwendung« für Maurice und die Weiße Dame zog ein, um wiederum ausquartiert zu werden, wie man annimmt, durch die Flamme, die vom Himmel kam.

Seán Ó Duínnlé, obwohl er lange genug lebte, um ein alter Mann zu werden, hatte ein kürzeres Leben als sein gleichaltriger Turm. Er war nicht auf der Insel geboren, sondern zog hierher vom

Festland, wie die meisten Vorfahren der gegenwärtigen Einwohner. Von seinem frühen Leben, bevor er ein Dichter wurde, ist nichts über liefert. Die Ader der Poesie pulsierte in ihm zuerst in den Jahren der großen Hungersnot und die Geschichte erzählt, dass ihn Empörung zum Dichter werden ließ. Er war ein großer »spailpín«, ein wandernder Erntearbeiter, der in der Saison seine Sense über die Schulter warf und nach »síos amach« ging, nordwärts nach Kerry und Cork und sogar in die Grafschaft Limerick. Auf diesen Wandertouren erwarb er sich einen unermesslichen Schatz an Wissen, Geschichten, Gedichten und Sprüchen, die ganze weite Flut der Volksüberlieferung, die es noch gab, als die irische Sprache eine lebendige Kraft war, wovon wir heute nur noch voller Schmerz das Strandgut der heutigen Ebbe einsammeln. In Irland, wie auch im Europa des Mittelalters, verbreiteten sich die Geschichten unter den fahrenden Leuten, den wandernden Erntearbeitern, den herumziehenden Männern und den Bettlern, den armen Gelehrten, den Dichtern und den Schullehrern auf Wanderschaft. *Seán* hatte sich an der Universität der Straße graduiert. Wenn wir eine Geschichte entdecken – so fand ich auf der Insel heraus – die von den Witzbüchern des Mittelalters, über die Sermonbücher der predigenden Klosterbrüder hin zu den afrikanischen Arabern, und durch persische Bücher bis ins alte Indien zurück verfolgt werden kann, geschah dies durch solche Männer, die sie vom äußersten Osten bis zum entferntesten Westen trugen, um sie schließlich an einem Torffeuer in Hörweite der atlantischen Wellen enden zu lassen.

Von einer seiner Pilgerfahrten kam er mit Geld in der Tasche zurück. So ging er auf den Schafmarkt von Dingle und sah ein schönes Schaf, das ihm gut gefiel. Er hatte zu Hause kein Schaf und er dachte sich, dass dieses ein guter Anfang wäre für eine ganze Herde. So kaufte er es, beförderte es nach Dunquin, band seine Läufe zusammen und warf es in ein Boot, das beide heim auf die Insel trug. Da ließ er es auf dem Hügel frei und ging in sein Haus, auf der Höhe des Dorfes gelegen, wo heute nur noch eine leere Stelle ist, ohne Spuren früherer menschlicher Behausung, und machte es sich bequem nach seiner Wanderschaft und träumte von der schönen Herde, die aus seinem einzelnen Schaf erwachsen würde. Aber er rechnete nicht mit seinen Nachbarn. Da waren einige im Dorf, mit üblem Charakter und kurz über lang erreichte ihn die Nachricht, das Schaf sei getötet und gegessen worden. Ärger stieg in ihm hoch, als er an die verruchten Leute dachte, die seinen Traum vom Reichtum aufgegessen hatten und er schwur, er würde sie mit dem Gesetz vor dem Gerichtshof in Tralee konfrontieren.

Es gab noch einen anderen Fall, der über den unglücklichen Insulanern schwebte. In jenen Tagen gehörte die Insel *Tiaracht* einer reichen Dame aus der Nachbarschaft Dingles, namens Betty Rice. Nach Frühlingsanfang kamen gewöhnlich die Papageitaucher aus Übersee, um auf dieser einsamen Pyramide des Meeres zu nisten. Nachdem ihre Jungen in ein gewisses Stadium ihres Wachstums gekommen waren, wurden sie nun zu schönen fetten Vögeln, den wohlschmeckendsten der Welt und mit Kartoffeln die beste Speise, die das Herz begehren kann. Betty Rice sandte gewöhnlich ein Boot zur Insel, um in dieser Saison die Jungen der Papageitaucher – »*fuipíní*« nannte man sie – zu erlegen, als Essen für ihre Dienerschaft auf dem Hof. Die Insulaner dagegen meinten, ein Eigentum an den Vögeln der Luft gäbe es nicht. Auf diese ausgezeichnete Theorie bauend, waren sie gewillt, dem Boot Bettys zuvor zu kommen und die *fuipíní* für sich selbst zu töten, denn ihre Kartoffeln waren etwas trocken, ohne etwas, das ihnen ihre Eintönigkeit nahm. Im Jahre von *Seáns* Missgeschick war ein Boot ausgefahren und hatte einen großen Tag unter den Vögeln gehabt. Als sie aber am Abend zurück in den Hafen kamen, wen sahen sie da? Es war Bettys Verwalter, der gekommen war, eine Mannschaft für die am nächsten Tag stattzufindende Expedition anzuheuern. Sie waren auf frischer Tat ertappt. Der Verwalter ging im Zorn nach Hause und berichtete seiner Herrin, dass es für ihre Dienerschaft in diesem Jahr nichts geben würde, weil die Insulaner den Felsen geplündert und nichts zurück gelassen hätten. Sie wurde von Wut überwältigt und schwur, dass sie für diesen Raub ins Gefängnis gehen sollten.

Es kam die Zeit der Gerichtsverhandlung. Die halbe Insel machte sich auf nach Tralee, einige, um in der Sache mit Betty Rice zu streiten, und andere, um der Anklage wegen des gestohlenen Schafes zu begegnen. Bettys »Gefangene« gingen zu Freunden in Dingle, die sie um Begnadigung baten, aber sie hörte ihnen gar nicht zu und verärgerte sie durch ihr Benehmen derartig, dass sie schwuren, ihr Bestes zu tun, dafür zu sorgen, dass sie ihr Ziel verfehlen würde. Sie gingen mit den Insulanern nach Tralee und sprachen über Nacht mit Daniel Ó Connell.

Als am nächsten Tag die Gerichtsverhandlung eröffnet wurde, saß da der »Councillor«, »Stadtrat«, wie die Leute Ó Connell nannten, halb eingeschlafen, während Bettys Rechtsanwalt das Unrechtmäßige aufzeigte, das ihr und der Dienerschaft angetan worden war. Als er fertig war, wachte der Stadtrat auf und erheischte Gehör vor dem Gericht. Es sei ein Fall von nahendem Verhungern gewesen, sagte er. Die Insulaner hätten so etwas nie vorher gemacht und würden es auch nie wieder tun. Bloße Not und die Eintönigkeit ihrer Kartoffeldiät hätten sie und ihre Kinder so heimgesucht, dass sie den Vögeln hätten nachstellen müssen. Wenn sie aber dieses Mal frei gelassen würden, müsste dem Gericht versichert werden, dass es noch lange dauern würde, bis sie ihren Fuß wieder auf diese fatale Insel setzten.

Die Beredsamkeit des großen Advokaten gewann die Oberhand über das Gericht und die Insulaner kamen mit einer Verwarnung davon. Betty stürzte im Zorn aus dem Gericht und sandte in ihrer Entrüstung nie wieder jemand zu den Vögeln aus, so dass sie danach zur freien Verfügung standen.

Nun war der Fall von *Seán* an der Reihe. Nachdem die Klage verlesen war, mischte sich der große Stadtrat, belebt durch seinen Erfolg, wieder ein und behauptete es sei eine geringfügige Sache und, wenn *Seán* den Preis für sein Schaf und seine Kosten zurück erstattet bekäme, solle er zufrieden sein. Das Gericht stimmte zu und dem zornigen »*spailpín*« verging die Hoffnung, die Diebe würden durch eine Freiheitsstrafe für das Übel bezahlen, das sie ihm angetan hatten. Er ging so wütend wie Betty nach Hause und verfiel auf die Komposition einer gehässigen Satire, das erste Gedicht, das er überhaupt gemacht hat – und es war ein Bitteres dazu. Es wäre vergeblich, sie ins Englische zu übersetzen, diese Litanei aus lauter Flüchen. Doch wir mögen wohl glauben, dass die Diebe gerne ihre Freiheitsstrafe abgesessen hätten, wenn das Gewicht dieser Androhungen von ihren Schultern genommen worden wäre. Der gerechte Zorn hatte die Lippen des Dichters aufgeschlossen und bis zum Tage seines Todes versäumte er es nie, jede auch nur bemerkenswerte Gelegenheit in flüssigen Versen zu feiern.

Seine Dichtung ist Dichtung vom Lande, voll traditioneller Mundart und lebendigen Redewendungen, geboren aus einem Scharfsinn, der Witz auf Witz folgen lässt, mitten aus den Spötteleien des alltäglichen Lebens. Themen sind die Tragödien, Späße

und Triumphe des einfachen Dorflebens: Ein plötzlicher Sturm überwältigt ein Boot in der Bucht von Ventry; eine Inselfrau webt sich eine Steppdecke; der Esel des Dichters stirbt; ein Boot der Insel gewinnt ein Rennen; ein Wagen voller Leute, die betrunken vom Markt heimfahren, kippt um an den Straßenrand; ein Bauer wird im Streit um Landbesitz zur Räumung gezwungen; ein alter Mann heiratet eine junge Frau – diese und dutzendweise andere Ereignisse, die auf dem Lande zur Sprache kommen: Da ist der Dichter mit seinen Versen zur Stelle, die nun mit Freuden von Mund zu Mund weiter gegeben werden, jeder Schlag ein Treffer unter einem Menschenschlag, der von Kindesbeinen an mit solcher Dichtung aufgewachsen und von elektrisierter Lebhaftigkeit ist bei jeder Redewendung, jedem Charakterzug, jeder Feinheit der Anspielung an Ereignisse, die jedermann kennt. Aus Sprache und Umgebung heraus genommen, ist solche Poesie wie die Seeanemone, die leblos und erschöpft bei Ebbe auf den Felsen liegt, aber aufblüht zu fremdartiger und lebhafter Farbe, wenn das Wasser als ihr eigenes Element von Neuem über sie fließt. Sie kann nur in ihrem eigenen Irisch gelesen werden und kann außerhalb des eigenen Gebietes auf dem Lande kaum verstanden sein. Übersetzt und in ein Buch eingesperrt verliert sie ihre Tugend und wird zu einer Kuriosität und einem Rätsel.

Wie immer der Wert dieser Dichtung anzusetzen ist, hat doch *Seán* nie den Lohn dafür bekommen, außer dem Beifall seiner Zeitgenossen. Er lebte arm und er starb arm und es wird erzählt, dass er an seinem Totenbett noch nicht einmal ein Glas Milch bekommen hat. Es gab wenige Kühe auf der Insel in jenen Tagen und der Dichter hatte nicht im Sinn, sich mit Milch zu versorgen, außer durch gelegentliche Freundlichkeit eines Nachbarn. Es gibt einen Vers, den er an seinem Totenbett gemacht haben soll, der ungefähr so lautet:

Von allem Elend das Schlimmste ist es alt zu werden;
Man lässt liegen dich wie einen Ast;
Was mein Durst auch macht, kein Trank kommt des Wegs,
Nur der schleimig-schwarze Schluck von Morast.

Und daraufhin bekannte er seine Sünden und starb. Mit ihm ist ein unermesslicher Schatz an nun nicht mehr wieder herstellbarer Überlieferung verloren gegangen. Ein immer wiederkehrendes Thema mit *Tomás* war es, dass wir zu spät gekommen und *Seán* zu früh gestorben war. »Wenn doch nur das, was er zu erzählen hatte, aufgeschrieben worden wäre«, sagte er, »dann hätte man etwas erkennen können. Denn er vergaß nie, was er einmal gehört hatte und er ist als Zuhörer durch die Welt gereist. Da war kein Lied, keine Geschichte, kein Spruch, was er nicht im Gedächtnis behielt bis zum Tag, als er starb. Man konnte ihm die ganze Nacht beim Erzählen zuhören und nie sagte er dasselbe zwei Mal in der einen Nacht. Es gibt keine Geschichten mehr auf der Insel, seit er starb.«

Dichter

Da saß sie, die starke Frau,
Dunkel, mit schnellen Augen, wachsam und im Lachen erleuchtet,
Um sich scharend diese wilde Herde,
Dies auf dem Knie, das an der Seite, ein anderes
Nieder gekauert, elfenäugig sich versteckend unter verfilztem
       Haar:
Ein Kalb auf wackeligem Fuß
Mit einer Socke geknebelt, erstickt und verpfuscht,
Und Hühner von hierher bis dorther
Pickten am Boden, flatterten auf Speicher und Sitzbank.

»Dichter? Sind Dichter gemeint?«
Sagte sie. »Es war da ein Tag, als es Dichter gab
Hier auf der Insel, da auf dem Festland.
Und meines eigenen Vaters Vater
War der Häuptling der Inseldichter. Weiß Gott!
Wenn zum Brunnen man ging, um Wasser zu ziehen,
Zauberworte vielleicht zu sprechen und zu ihm heim zu kehren,
Dann war ein Gedicht für dich da, sauber und klug.
Er hatte Witz. Wenn er nur etwas gelernt hätte,
Mutter Gottes! Was wäre das für ein Dichter geworden.«

DIE ARMEN GELEHRTEN

Mit *Seán Ó Duínnlé* und mit anderen seiner Art und Generation verging beispielhaft der Typus eines Dichters, mit dem das ganze Europa durch das Mittelalter hindurch eine beunruhigende Vertrautheit besaß – die Goliarden[13], die Vaganten, die fahrenden Gelehrten, unter welchem Namen auch immer bekannt – im Wesentlichen derselbe Typus viele Jahrhunderte lang. Ein russischer Gelehrter hat kürzlich behauptet, die ersten Goliarden, von denen wir wirkliche Kenntnis besäßen, seien die umherwandernden irischen Gelehrten und Geistlichen gewesen, die vor und während der Zeit der Karolinger auf den Straßen Europas vertraute Gestalten gewesen seien. Außer den großen Männern – einem Columbanus, einem Gallas, einem Fursa, einem Johannes Scotus – schwärmte ein Haufen vergessener Wanderer von Hof zu Hof, von Kloster zu Kloster, »in hellen Scharen in Europa einfallend«, wie es ein zeitgenössischer Schreiber formuliert. Auf den Märkten verkauften sie Gelehrsamkeit meistbietend und quälten oft bischöfliche Seelen mit fremdartigen Ketzereien und Lehren, die den Kirchenkonzilen unbekannt waren. Unter solchen Männern, die das goliardische Leben lebten, begann nun das charakteristisch goliardische Merkmal sich in die formalen elegischen Verse der Schulen einzuschleichen.

---

13 »Goliarden« waren in der Regel Geistliche, die aus Klöstern geflohen waren und zu einer richtigen »Bewegung« im 12. und 13. Jahrhundert wurden. Viele ihrer lateinischen Verse sind in die Sammlung »Carmina Burana« eingegangen, die zu den goliardischen Schriften zählt. Sie gaben sich als Jünger des legendären Bischofs *Golias* aus, der eine Reihe von zotigen Liedern geschrieben haben soll.

Noch vor den humoristischen und lyrischen Versmaßen der mittelalterlichen Goliarden war Sedulius Scottus – die typischste Gestalt unter diesen umherwandelnden Gelehrten, deren Werk unserer Kenntnis zugänglich ist – den karolingischen Versen in die formale Parade gefahren und auch ihren Themen und Redewendungen, die in späterer Zeit auf leichterem Fuß gehen konnten. Und man muss sich keine Mühe geben, um Beispiele, die irische Literatur herauf und herunter, zu sammeln von diesen hellen, unbekümmerten und frechen lokalen Versen, die das Hervortreten dieses Typus anzeigen. Wer die Geschichte von Mac Conglinne kennt, wird in diesem Gelehrten, der aus dem Schatten seiner Studien herausgeht und zur Dichtkunst und zum Wanderleben wechselt, sofort das perfekte Bild eines Goliarden erkennen. In seiner Geschichte, mit ihrer eigenartigen Mischung aus ironischer Pedanterie, spottender Theologie und umgestalteten populären Themen, erkennt man eine der hinreißendsten der goliardischen Schöpfungen, bis ihre Art den Höhepunkt in Leben und Dichtung des François Villon findet und in der verwirrenden und wunderbaren Epik des Rabelais.

In Irland, wo der Verfall des 17. Jahrhunderts die Studenten der Schulen und die Nachfolger ihrer Tradition unter dem gemeinen Volk zerstreut hatte, war der wandernde Gelehrte – Schulmeister, Dichter, Musiker – eine bekannte Gestalt, wo immer etwas vom alten Leben auch nur bis zum nächsten Tag überlebte. Ihr Einfluss und ihre Tradition ist verantwortlich für das Meiste in der modernen irischsprachigen Literatur. Im Gedächtnis des Volkes sind es zwei Gestalten dieser Art, die sich eindeutig ausmachen lassen: Der witzige, inspirierte und improvisierende Dichter und der arme Gelehrte, der mit seiner Büchertasche von Haus zu Haus zieht, schwierige Probleme mit Hilfe seiner tiefgründigen Gelehrsamkeit löst und oft durch eine Vorführung seiner Bildung die Oberhand über das ungelernte Volk bekommt, aber auch ein leidenschaftlicher Bewunderer gedruckter Kenntnisse und fremder Sprachen ist.

Eine Geschichte, die ich auf der Insel hörte, wird zeigen, wie einem armen Gelehrten dieser Art zugetraut werden konnte, ein Geheimnis der unerklärlichsten Kategorie zu ergründen. Erzählt wurde sie mir von Peig, um den Namen »*Caisleán an Mhúraigh*«, Moores Burg, zu erklären, wie dies gerade in ungeplantem Gespräch zur Sprache gekommen war.

»Moore war ein reicher Mann, der in den alten Zeiten da oben im Norden lebte. Er hatte sich eine schöne Burg am Meer gebaut. Als er sie errichtet hatte, sagte er zu sich selbst, es sei eine große Schande, keinen Erben zu haben, dem er die Burg nach seinem Tode hinterlassen könnte. Darum suchte er eine Frau als Ehegattin, eine der wunderschönsten Frauen ihrer Zeit und sie heirateten und lebten dreizehn Jahre zusammen. Aber in dieser ganzen Zeit bekamen sie kein Kind, weder Jungen noch Mädchen, und Moore dachte, er würde sterben, ohne einem Erben die Burg zu hinterlassen. Aber eines Tages im Sommer beschloss Moores Frau, am Meer schwimmen zu gehen. Sie ging zum Strand herunter – es war ein feiner weißer Sandstrand – zog ihre Kleider aus und schwamm hinaus ins Meer. Sie war schon ein Stück Weges draußen in der Bucht, als sie nach unten blickte. Was aber sah sie, im Wasser unter ihren Füßen gleiten? Es war der Schatten eines Mannes. Da überkam sie Furcht und sie wendete und schwamm dem Ufer entgegen. Aber der Schatten folgte ihr, als sie schwamm, und, wenn sie langsam schwamm, war der Schatten auch langsam, und, wenn sie sich eilte, eilte er im Wasser unter ihr ebenso.

So ging es immer weiter, bis sie das Ufer erreichten. Sie lief zitternd den Strand hoch, wo sie ihre Kleider liegen hatte und fiel vor Schwäche darauf. Als sie wieder zu sich kam, war niemand da, als nur sie alleine. So zog sie ihre Kleider an und ging zur Burg zurück, und die Furcht lag schwer immer noch auf ihr. Als die Zeit gekommen war, gebar sie ein Kind, das wunderschönste aller Kinder, das in jenem Gebiet je gesehen ward. Als das Kind aufwuchs, wurde es von allen bestaunt und man liebte es, wegen seines Liebreizes und seiner Zartheit, einerlei, ob arm oder reich. Es war aber etwas Seltsames um ihn herum: Vom Tag seiner Geburt an hatte er kein Auge zum Schlafen zugemacht. Er sah alles um sich herum, wenn sie sich nachts niederlegten, die Augen schlossen und bewegungslos dort blieben, bis der Tag sich zum Morgen erhellte. Aber er schlief nie und fühlte auch nie die Notwendigkeit des Schlafes. Für ihn war das etwas sehr Wundersames, aber er konnte es nicht erkennen, noch konnte es ihm ein anderer sagen, warum diese Gewohnheit über ihn gekommen war.

Eines Tages, am späten Abend, kam ein armer Gelehrter mit seiner Büchertasche zur Burg und fragte, ob man ihm ein Mahl und Zuflucht vor der Kälte der Nacht geben würde. Man bejahte dies und hieß ihn willkommen. So kam er denn herein und, als er gegessen hatte, setzte er sich mit Moores Sohn ans Feuer, wo sie miteinander redeten und blieben, bis alle anderen zu Bett gegangen waren. Zum Schluss erhob sich der Gelehrte aus seinem Winkel und sagte: ›*Wisha,* es ist spät geworden und ich bin müde vom langen Laufen, bei wenigem Essen, und darum wäre es wohl gut für mich Schlafen zu gehen‹. ›So ist es‹, sagte Moores Sohn. ›Dann gute Nacht‹. ›Willst du denn nicht auch schlafen gehen?‹ sagte der arme Gelehrte. ›Nein, will ich nicht‹, sagte er. ›Und ich habe nie erfahren, noch konnte es mir ein anderer sagen, warum das so ist und zu welchem Volk ich gehöre. Aber du, der du durch die Welt gelaufen bist und viele Bücher gelesen hast, vielleicht könntest du Kenntnis besitzen von einem Volk, irgendwo auf der Welt, das niemals schläft?‹ ›Vielleicht könnte ich das‹, sagte er, ›denn ich meine, in einem Buch über ein solches Volk gelesen zu haben, und durch Zufall habe ich eben dieses Buch in meiner Tasche‹. Und so öffnete er seine Tasche und suchte darin, bis er ganz am Grunde ein kleines, zeschlissenes altes Buch fand und am Ende dieses Buches fand er die Geschichte, nach der er gesucht hatte.

›Hier habe ich es‹, sagte er. ›Im Buch heißt es, dass es auf der Welt ein Volk gibt, das niemals schläft. Und dieses Volk hat seine Behausung im Meer‹. ›Dann‹, sagte Moores Sohn, ›gehöre ich also zum Volk des Meeres‹. Da nahm er ein Schwert von der Wand herunter, ging ins Zimmer seiner Mutter und hielt das Schwert über ihr Bett. Sie wachte auf und sah den Widerschein des Schwertes über ihr. ›Was willst du von mir, mein Sohn‹, sagte sie, ›dass du das Schwert über meinem Kopfe hältst?‹ ›Ich will die Geschichte von meiner Geburt und, was davor geschah‹, sagte er. ›Du bist sehr hart zu mir, mein Sohn‹, sagte sie, ›aber, weil du es fragst mit dem Schwert in der Hand, will ich es dir sagen‹. Und sie erzählte ihm die ganze Geschichte vom Anfang bis zum Ende. ›Dann‹, sagte er, ›hat der arme Gelehrte die Wahrheit gesagt und ich gehöre wirklich zum Volk des Meeres‹.

Am nächsten Tag versammelte er alle Freunde um sich zusammen und ging hinunter ans Ufer des Meeres und stand so abwartend da. Und es hat nicht lange gedauert, bis er weit draußen im Meer eine große Welle sah. Die kam an Land und sie sahen einen Mann in der Welle, einen der Wunderschönsten, den sie je gesehen hatten. Und der junge Kerl entbot seinen Freunden den Abschiedsgruß und ging hinunter ins Meer. Die Welle umschloss ihn, mit dem Mann darin, und der Mann warf seine Arme um den Jungen. Da ging die Welle zurück ins Meer und zusammen gingen sie mit ihr. Von jenem Tag an bis zu diesem hat niemand jemals wieder einen Hinweis oder ein Zeichen von Moores Sohn empfangen.«

Niemand als nur ein wandernder Gelehrter hätte dieses Problem lösen oder Antwort auf viele andere Fragen geben können von ähnlicher oder noch größerer Schwierigkeit, die man so stellt in diesen einsamen Landschaften, in die sie die Gerüchte einer weiteren Welt hineintrugen. Nun aber gibt es sie nicht mehr und auch die Art und Weise, wie sie lebten, ist mit ihnen fort gegangen. Die Leute lesen

Zeitungen und in den Kasernen der Polizei in Ballyferriter, nahe an Moores Burg gelegen, ist es ein Radiogerät, das die Leute vom Lande wie ein Wunder beeindruckt. »Ja«, sagte einer der Insulaner zu mir am nächsten Tag, »ich saß in der Kaserne und sah einen Mann die ›Hornpipe‹ tanzen und ein Geiger aus London hat die Musik zum Tanz gespielt. Das ist das größte Wunder, das ich je gesehen habe.«

So bleibt da ein Rätsel hinter dem Mutterwitz der wandernden Gelehrten. Aber vielleicht hatten sie ja ein leichtfüßiges Geheimnis und das fröhliche Herz, das für eine Musik, die über Meer und Land hinweg hüpft und zuletzt in einer Maschine eingefangen wird, wohl ein schlechter Tausch gewesen wäre.

NACH WESTEN GEHEN

Eines Morgens im Frühling wachte ich auf, lange bevor sich etwas im Haus oder im Dorf draußen rührte. Mein Bett stand an einem Ende des Zimmers, gegenüber vom Fenster, eine fest gefügte Struktur von vier Pfosten, zur Außenwand hin errichtet, gegründet auf Brettern, die über den Rahmen hin gelegt waren, ihre Härte erleichtert durch eine Matratze aus zusammen gestopften Federn von Seevögeln. Diese Matratze ist herrlich weich, wenn man am Abend ins Bett geht. Aber bis zum Morgen hat sich das eigene Gewicht bis zu den Federn hindurch gearbeitet, und die Härte der Bretter wird fühlbar. Ich erhob mich und schüttelte die Federn ein wenig auf. Dann ging ich hinüber zum Fenster und zog den Rollladen hoch. Jenseits des ruhigen Dorfes konnte ich einen Wasserstreifen und das Kap von *Dún Mór* erkennen, das in den Sund hineinragte. Der Tag war von schweren Wolken bedeckt und es gab an diesem Morgen nichts, das einen aus einem warmen Bett an die frische Luft lockte. So nahm ich mir denn ein Buch und ging zurück zu den Vogelfedern. Das Buch waren die Gedichte von *Eoghan Ruadh Ó Súilleabháin* und ich summte schläfrig diese Zeilen einer schwierigen Melodie vor mich hin, die mit so reichhaltigen Wörtern gefüllt waren, deren tönende Silben einander ein Echo gaben, die langen Strophen hindurch.

Es ist etwas Hypnotisches in diesen sättigenden Melodien und ich war schon in Halbschlaf verfallen, als ich plötzlich aufgeschreckt wurde zu vollem Erwachen. Ein Mann schrie draußen, es gab da ein Handgemenge und einen Auflauf und mit gewaltigem Zusammenprall schlug etwas auf das Dach über meinem Kopf, zappelte da noch für einen Augenblick, kam wieder auf die Füße und schlurfte weg mit dem Getrappel eiliger Hufe. Ich sah es schon kommen, dass es durch Filz und Dachbretter kommen würde und dann hätte ich gewusst, was für ein Geschöpf aus dem Himmel auf meinen Kopf gefallen war.

Aber das Dach hielt und ich blieb mit dem Geheimnis allein. Bald aber rührte sich etwas in der Küche. Meine Gastgeberin, *Máire*, die Tochter des Königs, war nun aufgestanden und kümmerte sich geschäftig um das Feuer. Ich zog mich an, ging hinaus und erzählte ihr, nach dem Morgengruß, meine Geschichte.

»Ich weiß nicht, was es gewesen sein mag«, sagte sie, »aber das ist schon eine Gnade, dass es dir nicht auf den Kopf gefallen ist.«

»Wenn es gefallen wäre, hätte ich nicht mehr viel, dessen ich mich rühmen könnte«, antwortete ich, »denn es hatte ein großes Gewicht an sich.« Dann zog ich die Tür auf und ging hinaus.

Wie die meisten der Häuser älterer Art, war das Haus zum Schutz in eine hoch liegende Böschung hinein gebaut und am Ende der Böschung ragte die Dachfläche heraus. Ein Pfad geht an dieser Böschung und an der Rückwand des Hauses vorbei, und genau auf der anderen Seite des Pfades ist ein ummauerter Garten mit Kohlpflanzen. Das war die Lösung für das Geheimnis. Das Weideland auf dem Hügel ist für Schafe armselig und dünn. Wenn ein Mutterschaf im Frühling zwei Lämmer hat, besitzt sie nicht genügend Milch, um sie beide aufzuziehen. So ist es Sitte, dann eines von ihnen ins Haus zu nehmen und es von Hand zu füttern. Solche zu Hause aufgezogenen Lämmer sind als »Betties« bekannt, die im Haus herum laufen dürfen und, weil sie auf der Grundlage von Milch, Brot und Kartoffeln gefüttert werden, wachsen sie stark heran, furcht- und schamlos, und entwickeln eine diebische Gewohnheit, sich ihre Nahrung zu suchen, wo sie sie finden. So eine Betty, nun schon im zweiten Jahr, war den Pfad an diesem verlassenen Morgen herumgeschlendert, war über die Mauer des Kohlgartens gehüpft und wurde ertappt, als sie sich ihren Wanst mit grünen Blättern füllte. Der Besitzer des Gartens hatte auf sie mit einem Kartoffelspaten eingestochen und die erschreckte Betty war wieder über die Mauer gesprungen, wurde durch den Schwung dieses Sprungs über den Pfad hinweg getragen und war mit einem Donnerschlag auf das Dach über meinem Kopf gefallen. Über diesen Morgenschreck wurde noch lange geredet.

Eine Stunde später war ich fertig mit dem Frühstück am Tisch vor dem Fenster, auf dessen außen liegendem Fensterbrett, ein Huhn mit aufgeplusterten Federn thronte, und mich durch die Scheibe mit den leeren und gleichgültigen Augen ihrer Art anblickte. Da verdunkelte sich der Türweg durch eine große Gestalt und *Seán an Rígh*, der Sohn des Königs, kam herein.

»Wir gehen nach *Inisicíleáin*, um Kaninchen zu jagen«, sagte er. »Kommst du mit uns, *Bláheen*?«

Schon lange hatte ich diese Insel erforschen wollen und ich ließ Frühstück und Huhn hinter mir, holte meinen Mantel und ging mit *Seán* zum Hafen hinunter. Ein weiterer Fischer und zwei junge Kerle und eine eifrige Hundemeute warteten dort. Wir tauchten unter den »*naomhog*«, der dort auf seiner Spreize ruhte, hievten ihn auf unsere Schultern und wählten uns unseren Weg den tückischen Abhang hinunter, die Füße mit Unkräutern und den Ablagerungen des Meeres verschmiert. Wir luden das Boot von unseren Schultern ab, ließen es ins Wasser gleiten und die aufgeregten Hunde purzelten hinein, einander anbellend und drängelnd. Die Männer nahmen das Segel und die Ruder an Bord und einen oder zwei Spaten, der Letzte stieß es hinaus aufs Meer und als er das tat, wurden seine Stiefel von einem böswilligen Wellenschlag überspült. Und dann glitten wir hinaus durch die Mündung des Hafens, unter den gleichgültigen Blicken einer kleinen Gruppe von Kindern, die auf der Klippe thronten.

Bei »*An Gob*«, dem Schnabel der Insel, machten wir eine Wendung und folgten, immer nahe an der Küste bleibend, der Klippenlinie, die sich westwärts über das unruhige Meer erstreckt. Obwohl die schweren Wolken ohne sichtbare Bewegung am ruhigen Himmel standen, bekam das Wasser gleichmäßigen Wind und die Wellen liefen in gebrochene weiße Kämme aus, die hier und da auf einem trüben Feld aus Meeresgrau unter einem grauen Himmel flackerten. Die küstennahen Klippen zeigten sich schwarz, wo Wasser und Wind die Oberfläche des alten roten Sandsteins verwittert hatten, mit hier und da einem Schimmer lebhafterer Farbe, während das Meer über ihre Fundamente schwemmte und besiegt wieder zurück fiel.

Wo über dem Tohuwabohu der Felsen das spärliche Gras wuchs, weideten Schafe unbesorgt über dem Abgrund, die neuen Lämmer sahen dabei unglaublich zart und hilflos aus, auf ihren steifen Beinen. Einige hatten es sogar auf die Klippen hinauf gewagt, auf der Jagd nach dem süßen Gras, das in den Felsenspalten spross. Es gibt Stellen an den Klippen, die von den Insulanern »*draipeanna*« genannt werden, kleine Inseln mit gutem Gras mitten im nackten Fels. Hin und wieder folgen ein Schaf, eine Kuh oder ein Esel, die wagemutiger als ihre Gefährten sind, der Verlockung dieser nicht abgeernteten Weide und findet sich selbst in der Falle, wenn sie so zurück gehen wollen, wie sie gekommen sind. Dann muss der Besitzer mit einem Seil die steile Klippe hinuntergehen und sein verirrtes Tier mit der Hilfe von Kameraden zurückholen. Die Männer sind im Wesentlichen kundige Klippenkletterer und es ist beängstigend, wenn man sie über die schieren Klippen laufen sieht an Stellen, wo man behaupten würde, keine Ziege könne hier Halt finden. Aber auch sie sind manchmal an solchen Stellen gefangen und müssen mit einem Seil hoch geholt werden.

Tomás hat eine Geschichte von einem Kletterer, der auf diese Weise in der Zeit der großen Hungersnot in der Falle saß: »Die

Nahrung war knapp geworden, denn, als die Jahresproduktion hätte aufwachsen sollen, war nichts in der Erde und sie mussten sich zum Strand oder zum Hügel begeben oder an irgendeine andere Stelle, wo man Vögel oder Fische erbeuten konnte. Es gab in jenen Tagen einen Mann auf der Insel, dessen Spitzname ›Púdar‹ war. Kein Vogel legte irgendwo an einer Stelle ein Ei, wo *Púdar* nicht hinkam und sowohl Ei, als auch Vogel mit sich nahm. Wenn es irgendwo eine Stelle gab, wo er nicht hingehen konnte, dann konnte dort auch eine Katze nicht hingehen. Eines Tages, als er draußen zum Fischen mit dem Schlagnetz war, gab es keine Fische im Meer, so dass sie früh heimkehrten. Da sahen sie am westlichen Ende der Insel, hoch oben auf der Klippe, eine große Gesellschaft schöner fetter Vögel, jeder Vogel mit einem gelegten Ei. Vögel dieser Art, Papageitaucher und ähnliche Arten, legen immer nur ein einziges Ei. Eine Stelle wie diese nennt man ›sgairt‹, eine große Höhlung, die hoch läuft und in einer breiten Öffnung mündet. ›Wenn ihr mich an Land bringt‹, sagt *Púdar*, ›würde ich hoch klettern und das Boot würde nicht so leer wie jetzt nach Hause fahren‹. ›Mit Sicherheit kannst du nicht da hingehen, wo diese Vögel sind, auch nicht, wenn du an Land wärest‹, sagte der Kapitän des Boots. ›Ach was, es würde mir leicht fallen, wenn ich Land unter den Füßen hätte‹, sagte er.

So mussten sie ihn an Land bringen, obwohl sie keine Hoffnung auf einen Vogel hatten und nicht erwarteten ihn wieder zu sehen, denn sie mussten ihre Augen schließen, als sie sahen, wie er die Klippe hinaufging. Ziemlich bald erreichte er die Mündung des *sgairt*, trieb die Vögel in die Höhlung zurück und fing an sie zu erdrosseln und sie herunter aufs Meer zum Boot zu werfen, bis zehn Dutzend von ihnen auf dem Wasser trieben und vom Boot her aufgelesen wurden. Als er die letzten von ihnen getötet und heruntergeworfen hatte, rief der Kapitän zu ihm hoch: ›Was machst du noch da oben? Du solltest besser jetzt herunter kommen, so dass wir heimfahren können, denn es wird allmählich spät‹. Der Mann auf der Klippe sprach: ›Ich kann niemals herunter gehen und mit Sicherheit kann ich genauso wenig hoch gehen, denn, wenn ein Seil zu mir herunter gesandt würde, wäre es vierzig Fuß von mir entfernt. Nach Hause mit euch in Gottes Namen‹, sagte *Púdar*, ›denn ich denke, dies waren die letzten Vögel, die ich jemals habe töten müssen‹.

Das Boot fuhr heim, mit einem Mann weniger in der Mannschaft und wenn sie vorher stolz über alle die Vögel in ihrem Boot gewesen waren, so waren sie jetzt still, denn der Mann, der ihnen die Vögel herunter geworfen hatte war nicht mehr dabei. Es wurde eine traurige, leidvolle Nacht bei den Nachbarn, gar nicht zu reden, wie das bei seinen eigenen Leuten war.

Als der Tag anbrach, gingen alle Leute mit Seilen an die Stelle. Als aber der *sgairt* in Sicht kam, stand er da in der Ausmündung der Höhlung, und als sie bei der Stelle ankamen, wo er war, gab es überhaupt keine Möglichkeit ihn da herauszuholen: Wenn ein Seil zu ihm hin herabgelassen worden wäre, würde es hinaus über das Meer gegangen sein.

Ein Sohn des *Púdar*, noch nicht zwanzig Jahre alt, war unter den Männern. ›Lasst mich an einem großen Strick herunter‹, sagte er, ›und ich werde ihm eine Rolle mit dünnem Seil bringen, noch ist er kein verlorener Mann‹. ›Aber vielleicht wird dir schwindlig werden‹, sagte einer der Männer. ›Keine Angst vor so etwas!‹ sagte er. Sie ließen ihn herunter bis er auf einer Ebene mit seinem Vater war. Er knotete die Schnur an den großen Strick und spulte den Rest auf. Dann bedeutete er seinem Vater, sich so weit wie möglich auf den Rand hin zu bewegen und auch seinen Arm, so weit auszustrecken, wie es ging.

So machte es der Vater, da kann man sicher sein. Dann zielte der junge Kerl mit der Rolle auf seinen Vater und warf sie zur Mündung des *sgairt* und bei diesem Wurf fuhr sie genau über den Arm seines Vaters. ›Das war Glück‹, sagte sein Vater, ›du wirst es tatsächlich noch schaffen‹. ›Zieh den großen Strick an dich heran‹, sagte der Sohn, ›bis du deine Hand darum legen kannst, greif aber fest zu‹. Und er ließ sich da unten noch hängen, bis sein Vater den Strick in der Faust hatte. Dann machte sich der Sohn auf den Weg nach oben und erreichte die Spitze, wie eine Katze auf Händen und Füßen kriechend. Sie alle schüttelten seine Hand so herzlich, als sei er zwanzig und ein Jahr in den Vereinigten Staaten gewesen. Und dann dauerte es auch nicht mehr lange, bis *Púdar* selbst mit ihnen auf ebenem Grunde stand und man hätte wohl denken können, er sei *Oisín*, der gerade aus *Tír na nÓg* zurückgekehrt wäre.

Sein ganzes Leben danach war *Púdar* immer darauf bedacht, eine Klippe genauestens zu überprüfen, bevor er in sie hinein ging. Auch sein Sohn wurde keines ›Handwerksmannes Sohn, der zum Stümper ward‹, sondern ging zur See und wurde danach ein guter Seemann.«

Hierüber und andere Rettungstaten an Klippen noch redend, waren wir die Insel entlang zum hinteren Teil gekommen. Während die Männer ruderten, waren sie ständig auf Ausschau nach Schafen und Kaninchen und machten sich über die winzigen Männer, Frauen und Kinder lustig, die sich wie Fliegen über die Erhebung des Hügels bewegten.

Schließlich kamen wir nach »*Ceann Dubh*«, »Black Head«, am Ende der Insel und fuhren hinaus an eine Stelle des Wassers namens »*An Bealach Mór*«, der Große Kanal, der Great Blasket von den kleineren Kameraden trennt. Der Kanal führt hinaus auf das offene Meer und hier fühlten wir sofort den Hub der langen Dünung des Atlantiks, die hereinrollte, mit kleinen gebrochenen Wellen auf dem Rücken. Vor uns war nun »*Inis na Bró*«, Quern Island, deshalb so benannt, weil irgendein phantasiereiches Auge einst in ihr eine Ähnlichkeit mit den Handmühlen sah, mit denen Körner gemahlen werden. Am Ende von *Inis na Bró* geht das Steilufer in Serien von Abstufungen über, die als *Steipeacha an Amadáin Mhóir*, »Die Stufen des großen Narren«, bekannt sind. Ohne Zweifel deshalb, weil es in alten Zeiten ein Gedicht gab, das erzählte, diese sonderbare Gestalt der irischen Geschichte sei einst die Stufen hinauf gegangen – mit dem, was die alten Romanzen »ein leichtes, flinkes, vogelartiges Hüpfen« nennen.

Wir ließen uns an die Seite der Insel treiben, um die Jungen mit ihren Spaten und Hunden anzulanden. Die Hunde hatten sich nieder gekauert und winselten und bellten, als das Boot nahe an die Felsen trieb. Auf eines Ruders Länge sprangen sie dann an Land. Die beiden Männer hielten den Bug des Bootes mit geschickten Ruderschlägen am Felsen und als es auf der Welle hochkam, sprangen die Jungen, einer nach dem anderen gelassen an Land. Ihre Spaten wurden ihnen hinterher geworfen und wir nahmen Kurs auf *Inisicíleáin.*

»Haben je Leute auf *Inis na Bró* gelebt?« fragte ich *Seán an Rígh.*

»Nicht, dass ich wüsste«, war die Antwort, »aber es gibt dort ein *»múchán«* (ein altes Steinhaus) und Jäger verbringen darin manchmal die Nacht. Die alten Leute haben eine Geschichte, dass da einst drei Männer durch einen Sturm auf der Insel gefangen waren. Sie machten ein Feuer aus Seegras und saßen darum her und unterhielten sich. Mitten in der Nacht hörten sie ein Geräusch auf dem Dach, als ob da Männer miteinander kämpften und es ging in einem fort so weiter ohne aufzuhören. ›Ich geh mal raus und schaue was das ist‹, sagte einer von ihnen. ›Gehe nicht‹, sagten die anderen, ›denn das möchte vielleicht ein übel Ding sein, denn es gibt auf der Insel keine lebenden Wesen als nur uns selbst‹. Aber das Kämpfen ging weiter und weiter und schließlich ging er heraus, was immer sie auch sagten.

Als er hinaus gegangen war, wurde das Geräusch für eine Weile lauter und entfernte sich dann vom Dach und sie hörten, wie es über die Insel strich und zuletzt war es so weit weg, dass sie dachten, es wäre so weit wie der Klippenrand. Und dann hörte es plötzlich auf und die ganze Nacht über vernahm man nichts mehr. Als aber der Tag gekommen war, gingen sie hinaus und liefen über die ganze Insel, fanden aber keine Spur von dem Mann, der hinaus gegangen war, und von diesem Tag an wurde er nie wieder gesehen.«

»Was war es denn, was ihn mit sich genommen hat?« fragte ich.

»Das weiß niemand. Manche sagen, es seien die Elfen oder ein anderes übles Ding gewesen, aber es gab auch solche, die sagten, dass die beiden Männer den anderen Mann getötet und die Geschichte miteinander erfunden hätten.«

INISICÍLEÁIN

Nun hatte die Landung auf *Inisicíleáin* begonnen und sie brachten das Boot an Land mit eifriger Sorgfalt, da der Strand offen und ungeschützt ist und die brechenden Wellen einen schäumenden Tumult am Rande der Flut verursachten. Unsere Hunde waren in einem Moment aus dem Boot heraus und wir nicht lange nach ihnen. Nachdem das Boot sicher unter der Klippe verstaut war, kletterten wir den gewundenen Pfad hoch, der auf gefährliche Weise zum Gipfel führt. Die Hunde rannten fort, schnüffelten im bröckeligen Boden und fingen dann an, am Klippenrand, zu buddeln. Bald war es klar, dass sie auf einer heißen Spur waren und die Männer hoben das Loch aus, bis sie auf ein unglückliches Kaninchen trafen, das erschrocken in die letzte Deckung kroch. Durch eine Drehung der Hand war es erledigt und die Hunde waren schon weg an einem anderen Loch.

Ich wurde schon bald dieser eintönigen Sportart überdrüssig und ließ mich außer Hörweite der Schlächterei über die Insel treiben. Ein ganzes Stück vom Landeplatz entfernt verwandelt es sich oberhalb des Meeres in ein flaches Tafelland. Aber bald schon erhebt sich das Land wieder und zuletzt schließt ein großer Wall aus sich auftürmenden Felsen das Ende der Insel ab. Wenn man sich diesem Wall von der Ebene aus nähert, hat man das Gefühl sie verberge ein Geheimnis: Da ist etwas so Endgültiges und Beabsichtigtes, als ob da einige Riesenkreaturen aus jener Welt überlebt hätten, in welcher es den Menschen noch nicht gab, in der Absicht, hier die letzte Zuflucht zu finden. Denn auf der ganzen Insel herrscht ein

Geist der Einsamkeit. Es ist, als wäre sie am Ende aller Dinge, in einer Ruhe wohnend, die vom unaufhörlichen Murmeln des Meeres drum herum und von den jammernden Möwen über ihrem Berggipfel mehr betont als gestört wird. Es ist vielleicht dieses Gefühl, das einen unfreiwillig überkommt, wenn man alleine durch die Stille wandert, was bewirkte, dass in der Vorstellung des Volkes hier der von den »fairies« (den Elfen) bevorzugte Schlupfwinkel zu finden ist. »Gibt es denn Elfen auf *Inis*?« sagt man. »Wieso, sie ist doch voll von ihnen!« Wenn je unsichtbare Dinge sich über die Schwelle hinauswagen, die beide Welten voneinander trennen, ist es hier: Man kann nachfühlen, dass sie sich einen zerbrechlichen Körper auswählten, um die Sterblichkeit nachzuahmen und auf grasbedeckten Fluren über der Klippe unter dem Mond zu tanzen.

In den alten Tagen, als diese Insel bewohnt war, saß eines Nachts ein Mann alleine in seinem Haus, seine Einsamkeit mit dem Ton seiner Geige lindernd. Er spielte ohne Zweifel die Lieblingsmusik der ländlichen Gegend, Gigs und Reels und Hornpipes, die hurtigen Melodien, die auch noch den Füssen der Toten leichte Hufe anziehen. Während er spielte, hörte er aber noch eine andere Musik, die über das Dach in die Luft stieg. Sie zog fort zu den Klippen und kehrte wieder, und zurück und vorwärts, wieder und wieder, ein wandernder Lufthauch, der in sich wiederholenden Sätzen wimmerte, bis die Musik zuletzt seinem Kopfe vertraut wurde. Und da nahm er den herunter gefallenen Bogen auf, zog ihn über die Saiten und folgte Note für Note den klagenden Stimmen, so wie sie über ihm hinzogen. Seitdem ist diese Melodie, *port na bpúcaí*, »die Fairy-Musik«, bei seiner Familie geblieben, alles fähige Musikanten, und, wenn man sie von einem Geiger seiner Sippschaft gespielt bekommt, kennt man das Geheimnis von *Inisicíleáin*. Die Elfen, so sagt man, seien nicht unsterblich. Auch sie würden den Tod kennen und die Musik, die auf der Insel in jener Nacht über das Haus gezogen war, war eine Klage um einen aus der Elfenschar, der gestorben war und zu seiner Beerdigung auf diese Insel getragen wurde. Wie leicht kann man daran glauben, dass jenseits dieser weiten Mauer, die ganze Elfenrasse, die einst zu dem Traumreich gehörte, das noch wirklicher war, als es lebendige Menschen sind, sich in die Totenbestattung flüchtete, als die kalten Wahrheiten des Verstandes ihre Zerbrechlichkeit grell beleuchteten und sie sogar vom Licht des Mondes vertrieben hatten. Dass Elfenmusik, gespielt auf einer Inselgeige, eine Klage um eine ganze Welt von Einbildungskraft ist, die, unwiderruflich mit dem Bann belegt, trotzdem immer noch, wie im Nachglühen einer versunkenen Sonne, schwach zu sehen ist.

Jetzt kletterte ich die Mauer hoch, auf Händen und Knien kriechend, und kam an die Stelle, die sie bewachte. Hier gab es ein riesiges Tohuwabohu aus Felsensäulen, die sich in alle Richtungen ausdehnten, sich gegenseitig stützend oder aufeinander türmend und in ihrer wilden Architektur den Eindruck machten, Ruinen irgendeines mächtigen Tempels zu sein, dessen Errichtung durch eine Naturkatastrophe unterbrochen worden war, die dann Tempel und Erbauer in den gemeinsamen Ruin trieb. Ich erklomm die Höhe der höchsten Säule und setze mich an eine Felsspalte an ihrer Seite. Von diesem hohen Turm aus erschloss sich eine weite Aussicht: Die Inseln und der Atlantik auf der linken Seite, auf der rechten die Bucht von Dingle und dazwischen die zugehörigen Halbinseln *Corca Dhuibne* und *Íbh Ráthach*. Der Tag war immer noch von Wolken verhüllt, aber ein schillerndes Licht bebte in diesem grauen Dach und eine Helligkeit, die hier und da zufällig durch die Wolkenlöcher auf See und Hügel fiel, zeigte, dass die Sonne in klarer Luft über den Wolken schien. Schwere Dunstschleier hingen verdichtet um die Berggipfel und die Seiten der Hügel entlang trödelte ein fauler Rauch und zog sich dahin, aus Mangel an Wind, ihn wegzutragen. Es war die Saison des Torfstechens und sie hatten Stechginster angezündet, um es heller zu haben bei der Arbeit, den Hügel kahl zu machen. Die Berge an der Spitze der Bucht von

Dingle waren in einem flüssigen Nebelschleier verloren, von milchblauer Farbe, dem Farbton einer geäderten Perle.

Aus dieser unsichtbaren Entfernung erstreckte sich die Bergkette von *Íbh Ráthach* unter der unveränderlichen Wolkendecke und endete zuletzt auf Valencia Island und weit vom letzten Landpunkt entfernt standen die Skelligs draußen im Meer wie zwei große Schiffe unter vollem Segel, auf der Fahrt in den unentdeckten Westen. Während ich noch schaute, kamen die wandernden Sonnenstrahlen für einen Moment auf der Höhe von Great Skellig zur Ruhe und etwas blitzte dort einen Augenblick lang auf und war wieder verschwunden.

Es gibt eine alte Kirche auf *Inisicíleáin*. Auch diese Insel war einst eine Heimstatt der »Männer von Religion«. Die alten Manuskripte erzählen uns nichts von diesen Siedlungen und nur in einer Chronik des 14. Jahrhunderts von Ratisbon ist die Legende aus den frühen Tagen von Great Skellig zu finden. Hier war es, sagt die Geschichte, wo St. Patrick die bösen Mächte und die giftigen Schlangen aus Irland heraus in das westliche Meer trieb. Der Heilige wird in den alten Schriften oft mit Moses verglichen und er ahmte Moses darin auch nach, wenn er seine Arme zum Gebet erhob, wie Moses in der Schlacht mit den Amalekitern, damit er die Teufel und die giftigen Geschöpfe vertreibe. Denn als er seine Arme erhob, sagt die Handschrift, »wurden die Stürme still, die Winde legten sich, die Regenfälle gaben Frieden, die Luft schien klar, die Furcht der Heiligen wurde gemildert, die Nacht ward hell wie der Tag und alle Küsten Irlands empfingen Licht aus der Hand des Heiligen, das war glänzend wie die Sonne mit einer Strahlung wie an einem hellen Mittag.

Und als sie ihre Augen aufhoben in dieses Licht, erblickten die Heiligen den St. Michael, mit vielen Kohorten von Engeln um ihn herum versammelt, und er stand an einem bestimmten Ort, zurückgezogen auf den weitesten Ozean, wo es eine gewisse Felsenspitze gibt, die ringsum von den Strudeln des großen Meeres umgeben ist. Bei dieser Vision fielen sie alle zu Boden und flehten ihn an um die Gunst, ihnen zu Hilfe zu kommen. Da aber aus der Sicht Gottes und seiner Engel der Schrei der Heiligen nie vergeblich ist, kam St. Michael in seiner Macht, mit seiner glänzenden Gesellschaft, die um ihn her glitzerte. Bei seinem Kommen wurden die Heiligen erneuert und gewannen ihre Kraft zurück und stiegen auf den Berg, wohin ihnen durch die Hand der Engel ein Weg gebahnt wurde, durch die Aufbauten hindurch, womit die Teufel den Berg rundum umgürtet hatten. Dieser Weg wird bis zum heutigen Tag ›Weg der Heiligen‹ genannt.

Und jeder der Heiligen schlug mit dem Schwert und machte das Zeichen des Kreuzes gegen das feindliche Heer und sie stiegen hinauf zum Gipfel des Berges. Die Feinde wurden vernichtet und ihre Macht erschüttert und sie kehrten den Heiligen den Rücken zu und versammelten sich. Da wurden die giftigen Kreaturen genauso wie die Teufel in die Bucht des großen Ozeans geworfen; die Heiligen aber leisteten sich genauso wie die Engel gegenseitig Hilfe. Und, um es zu Ende zu erzählen: der Erzengel St. Michael kehrte mit seiner ganzen Gesellschaft zurück zur Felsenspitze, wohin er gekommen war, zur Hilfe für die Heiligen. Und als er von dorten zum Himmel empor stieg, ließ er einen Schild zurück, der alle Krankheiten und Wunden heilt, obwohl niemand mit Sicherheit sagen kann, aus welcher Substanz er ist, weder aus Holz, Stein, Eisen oder Bronze und kein irdisches Handwerk kann sich rühmen, es könne einen solchen Schild herstellen.

Und darum wurde diese Wohnstatt vom Himmel an heilige Männer übertragen, die ein einsames Leben zu führen wünschten. Denn diese Felsenspitze ist bei gutem Wind einen Segeltag vom Land entfernt. Und in solcher Art wütet der Ozean darum herum, dass kein hölzernes Schiff es aushalten kann, ohne durch den Aufprall der Wellen zerstört zu werden, noch können Männer aus Irland auf besagte Insel kommen oder gehen, zu keiner Jahreszeit, außer zwischen den Festen von St. Philipp und St. James und dem Fest von St. Michael, und das nur in Fahrzeugen, die aus Fell gemacht und mit dem klebrigsten Pech geteert sind.«

So erzählt es der deutsche Chronist in mittelalterlichem Latein und er späht undeutlich durch weite Räume und Zeiten.

Ob es wohl vielleicht der Schild des Erzengels Michael war, der ein Signal vom Felsengipfel aufblitzen ließ, als ich an diesem Tag Ausschau hielt, an genau derselben Stelle, von der aus die Eremiten von *Inisicíleáin* oft über das Wasser geblickt haben müssen zu ihren Kameraden auf den Skellig-Inseln? Doch in einem Augenblick hatte das Licht die Felsenspitze wieder verlassen und war auf den Ozean hinaus gelaufen, wie das Licht aus St. Patricks hocherhobenen Händen den Teufeln zu ihren letzten Zufluchtsstätten gefolgt war.

Es gibt eine alte Geschichte über den Ursprung der Elfen: Als St. Michael und sein Heer Luzifer und seine aufrührerischen Engel über die Mauer des Himmels warf, fielen sie kopfüber in die Hölle. Und der Deckel der Hölle wurde über ihnen zugemacht. Als aber die Hölle zugemacht wurde, fielen einige immer noch durch die Luft. Diese jedoch fanden kein Zuhause mehr, weder zusammen mit guten noch bösen Engeln und blieben schwebend in der Luft. Und dies sind die Elfen. So kann man sich auch vorstellen, dass einige der Teufel, von den Skelligs her westwärts getrieben, ihre Zuflucht auf *Inisicíleáin* unter den großen Felsen, »das Bauwerk des Teufels«, gefunden haben und, dass die Elfen auf der Insel zu ihrer Sippschaft gehören. Dieses Problem mag denen überlassen bleiben, die sich in Dämonologie und Elfenkunde auskennen. Aber gewiss gibt es keinen geeigneteren Platz für die letzte Heimstatt der »stolzen Engel«, als dieses zerklüftete Ende von *Inisicíleáin*.

Ich ging nun weiter, um den Rundgang durch die Klippen zu vollenden. Als ich auf der Seite herauskam, die auf die Flanke von Great Blasket schaut, befiel mich Müdigkeit und ich legte mich nieder aufs Gras, am Rande eines steilen Abstiegs. Auf halbem Wege zum Meer unter mir, sah ich, als ich mich über den Vorsprung lehnte, vier oder fünf Kaninchen aus ihren Löchern springen, um zu spielen. Es war die Zeit des Gebärens und es gab winzige Kreaturen unter ihnen, kaum mehr als eine Handlänge groß. Diese Kleinen jagten einander den Felsvorsprung hoch und herunter, wobei die Größeren zunächst noch zuschauten. Dann aber wurden sie auch angesteckt und begannen mitzuspielen. Eines von ihnen legte sich ins Gras, während ein anderes rückwärts und vorwärts darüber sprang. Dann wieder liefen sie gegeneinander an, in gespielter Kampfespose und kullerten zappelnd über das Gras. Dann wiederum rannte die ganze Gesellschaft wild den grünen Felsvorsprung herauf und herunter und bockten ab und zu in die Luft. Es war seltsam, sie so unbewusst sich üben zu sehen, so wie in irgendeinem Eden, bevor der Mensch auf die Erde kam, während auf der anderen Seite der Insel Männer ihre Kameraden schlachteten. Kurz danach bekam ich, als ich noch da lag, einen Krampf in mein Bein und ich bewegte mich leicht und in diesem Moment war der Felsvorsprung wieder leer. Der Mensch war auf die Welt gekommen und die wilde Kreatur floh aus ihrem zerstörten Eden.

Ich hörte nun ein schwaches Rufen aus der Luft und machte mich auf den Weg in Richtung des Geräusches. Die anderen hatten ihr Geschäft erledigt und standen am Inselhaus. Die Kaninchen hingen von den Spaten auf ihren Schultern herab, mit erschlafften Leibern und erbarmungswürdig blutigen Nasen. Es war nur eine kleine Tasche geworden, kaum den Umstand einer Ruderfahrt wert. Einer der Männer hatte einen Schlüssel, öffnete die Tür des Hauses und wir gingen hinein. Es war ein kahles, verlassenes Haus, dem sogar der dürftige Luxus der Inselbehausungen abging. Zuletzt kamen nur noch die O'Daleys her und blieben hier im Sommer unter der Woche, zur Hauptinsel immer am Sonntag zurückkehrend. In alten Tagen wohnten auf dieser Insel fünf oder sechs Familien, die von Getreideanbau, Schafzucht und Fischerei lebten. Die Erde ist fruchtbar, zu fruchtbar, behaupten sie, für Kartoffeln, die hier ein so üppiges Blattwerk hervorbringen, dass sie ihre Stärke in dieser Anstrengung verbrauchen und sich nur wenige Kartoffeln an den Wurzeln finden lassen. Aber es ist gute Erde für Kohl, Zwiebeln und Ähnliches und man sagt, sogar Tabak sei hier schon gepflanzt worden.

Vor wenig mehr als einer Generation traf ein seltsames, auf merkwürdige Weise vorher angekündigtes Unglück, die winzige Gemeinschaft. Zu dieser Zeit lebten drei Familien auf der Insel, drei Männer mit Frau und Kindern. Eines Tages wollte einer der Männer aus zwingender Notwendigkeit nach Dingle gehen, die anderen Männer aber wollten nicht mit. So nahm er ein kleines Boot und begann, die Länge der Bucht hinunter zu rudern, so etwa sechzehn Seemeilen. Als er *Inisicíleáin* hinter sich gelassen hatte, warf er einen Blick über die Längsseite des Boots und dort öffnete sich beim Rudern neben ihm das Meer und als er hinuntersah, konnte er durch Wälle von Wasser auf den Grund sehen und da lief eine Straße den Grund entlang und drei Männer liefen auf der Straße. Er dachte sich, durch schnelles Rudern könne er dem Beängstigenden dieser Vision entrinnen, aber, als er sich beeilte erhöhten die drei Männer die Geschwindigkeit und, wenn er die Ruderblätter ruhen ließ, rasteten sie auch. So ging die seltsame Reise weiter, mit dem Mann halbtot vor Schrecken, und dennoch immer mechanisch weiterrudernd, mit automatischer seemännischer Gewohnheit, und mit den geisterhaften drei Männern, die leicht und gelassen am Grund des Meeres liefen.

Zuletzt, er wusste kaum wie, erreichte er Dingle und sie mussten ihn aus dem Boot heben, denn die Ängste dieser Fahrt ließen ihn nicht mehr Stehen bleiben. Er wagte es nicht, nach Hause zu fahren, aber am nächsten Tag fuhr ein Fischerboot von Dingle zum

Fischen rund um die Insel heraus und sie nahmen ihn und sein Boot mit. Als er zurückgekehrt war, sagte er den anderen Männern nichts über sein Abenteuer, gab aber seiner Frau einige Andeutungen.

Einen oder zwei Tage danach gingen die drei Männer hinaus zum Fischen und durch einiges Missgeschick kippte das Boot um und alle drei ertranken. An jenem Tag sah man auf der großen Insel, als sie auf dem Weg zurück vom Hügel Torf trugen, den Rauch eines Feuers auf *Inisicíleáin*, ein vereinbartes Signal, wenn eine Gefahr oder eine Belastung die kleine isolierte Gemeinschaft betroffen hatte. Männer eilten zurück ins Dorf, ein Boot lief aus und, als sie den anderen Hafen erreichten, sahen sie Frauen und Kinder auf der Klippe über ihnen schluchzen und vor Schrecken fast außer sich. Sie liefen wieder aus und fanden, nach langer Suche, die Leichname der drei Männer, die auf der Oberfläche des Wassers dahin glitten, in dessen Tiefe ihre prophetischen Geister vor wenigen Tagen auf der Straße gelaufen waren.

»Warum ließen sie sich denn durch diese Vision nicht warnen?« fragte ich *Tomás*, als er mir die Geschichte erzählte.

»*Dhera*«, sagte er, »was wäre daran gut gewesen? Ein Fischer muss dem Meer gehorchen und wie kann ein Mann dem Tage seines Todes entrinnen? So oder so gibt es eine vorher bestimmte Zeit für einen Mann auf Erden. Und, wenn sein Tag gekommen ist, wird ihn der Tod auch finden, selbst wenn er sich in ein Ameisenloch verkrochen hätte. Wir haben nur unsere Zeitspanne und, ob jung oder alt: Ein Mann muss gehen, wenn er gerufen wird. Es ist einmal ein Boot nach *Inis Tuaisceart* ausgefahren, um von den Felsen herab zu angeln. Als sie schon auf halbem Wege draußen waren, stellten sie fest, dass sie den Mast zurückgelassen hatten. So fuhren sie um des Mastes willen noch einmal zurück. Da war dann auf der Klippe ein Mann, der auf der Insel der beste Felsenangler war, denn bei jedem Handwerk gibt es einen Mann, der besser ist, als alle anderen und sei es nur beim Einschlagen von Nägeln. Sie liefen wieder aus und nahmen diesen Mann mit. Als sie nach *Inis Tuaisceart* kamen, liefen sie auf der Insel herum und setzten einen Mann hier am Felsen ab, den anderen dort, bis sie alle ihren Platz zum Angeln gefunden hatten. Nachdem sie so einige Zeit zugebracht hatten, begann es Tag zu werden und das Boot kam wieder, um die Männer einzusammeln. Als sie aber zum Felsen kamen, an dem sie diesen Mann abgesetzt hatten, war er nicht aufzufinden. Eine Welle sei wohl hochgekommen vom Meer, sagten sie, und habe ihn mitgenommen, denn der Tod habe ihn gewollt und sein Tag sei gekommen gewesen. Als sie zu Beginn jenes Tages zurückgefahren waren, sei das nicht wegen des Mastes gewesen, wie sie gedacht hatten, sondern wegen dieses Mannes. Keiner geht weiter als bis zu seinem Tag.«

Die Letzten, die auf *Inis* gelebt haben, waren zwei von den Dalys, Vater und Mutter jenes Daly, dem das Haus immer noch gehört. Ihre Kinder verließen sie nach und nach und ganz zuletzt mussten auch sie die Insel verlassen, um zur großen Insel zu kommen. Späterhin kränkelten zuerst die Frau und dann der Mann und, nachdem sie ins Armen-Krankenhaus von Dingle gehen mussten, starben sie dort, weit ab vom Rauschen des Meeres.

DER SEEHUND

Es war spät geworden, die Sonne war schon weit unten am Horizont des Atlantiks, und so kletterten wir die Klippe nieder und trugen das Boot herunter durch die Brandung und kreuzten die enge Meeresstraße nach *Inis na Bró*. Die Jungen hatten uns kommen gesehen und warteten auf dem Felsen mit einer schweren Last von Kaninchen, die über ihre Schultern baumelte, denn sie hatten mehr Glück gehabt, als unsere Jäger. Jungen, Hunde und Kaninchen kamen an Bord und, nachdem wir ein Segel gesetzt hatten, weil mit dem Abend der Wind aufgefrischt war, fuhren wir über den Großen Kanal in Richtung der Insel, zur Landspitze nach Black Head.

Als wir fuhren, trieb uns das Meer der Küste zu und ein Seehund hob seinen melancholischen, tropfnassen Kopf heraus und starrte uns einen Augenblick lang an, schlüpfte dann aber geräuschlos zurück ins Meer. Dieses Ende der Insel ist der bevorzugte Schlupfwinkel der Seehunde und in den alten Tagen pflegten die Leute sie noch zu jagen, verkauften ihre Felle, aßen ihr Fleisch und machten aus ihrem Fett Öl für ihre gezogenen Kerzen.

»Ich erinnere mich«, sagte *Seán*, »wie wir einmal, als wir heimkamen vom Einholen der Hummerkörbe, einen Seehund schlafend auf dem Wasser fanden. Wir manövrierten das Boot auf seine Längsseite und, als wir vorbei fuhren, lehnte ich mich über die Seite, bekam meine Arme unter ihn und hob ihn ins Boot. Du kannst mir glauben, dass er sofort aufwachte und er warf sich im Boot herum, um zu beißen. Wir hielten uns von ihm fern und das war auch gut so: Denn er bemächtigte sich der Ruderbank des Bootes und es dauerte nicht lange, bis er die Ruderbank durchgebissen hatte. Wenn es eines unserer Beine oder Arme gewesen wäre, hätte er sie ebenso durchgebissen. Ich verspreche dir, dass wir froh waren, ihn wieder über Bord werfen zu können, und ich bezweifle nicht, dass es wohl schön lange gedauert hat, bis er wieder ein Nickerchen auf dem Wasser nahm.«

Die Seehundjagd war tatsächlich niemals ohne Gefahren, denn ein Seehundbulle, der in einer Höhle in die Enge getrieben ist, pflegt ein gefährlicher Kunde zu sein. Auf *Inisicíleáin* gibt es eine Höhle, die innen einen Strand besitzt, und dies war für die Seehunde ein großer Ort für die Aufzucht im Frühling. Eine eigenartige Geschichte, halb humorvoll, halb gespenstisch, findet, genau in dieser Höhle mit den Seehunden, ihr Ende. Es ist die Geschichte über *Donnchadh Bocht* und so hat sie *Tomás* mir erzählt:

»Ein Mann vom Festland verheiratete sich vor recht langer Zeit nach Great Blasket. Als dieser Mann noch in der Gemeinde von Dunquin aufwuchs, war er schon ein hoch gewachsener, starker Kerl, hatte aber nichtsdestotrotz nicht die Kenntnis von seinem Gewerbe, wie sie die anderen Männer auf den Fischerbooten hatten. So hatte er es schwer, unter ihnen sein Auskommen zu finden. Nachdem er eine Weile so gelebt hatte, sandte er eine Botschaft zur Großen Insel, denn er hatte gehört, dort sei eine junge Frau mit ebenso wenig Verstand wie er, und er sagte sich selbst, sie würden wohl miteinander einig werden und es werde genauso gut gehen wie überall sonst. So war es. Sie machten die Sache untereinander spruchreif und begannen mit einem Haushalt auf Great Blasket.

Die Fischer dort aber nahmen ihn ebenso wenig mit auf ihre Boote, denn sie konnten ihm nicht vertrauen: wenn es notwendig war etwas zu tun, hätte er womöglich etwas getan, was den Verlust des Bootes bedeutet hätte. Und deshalb wollten sie nichts mit ihm zu tun haben. Darum musste er nun andere Mittel zum Lebensunterhalt finden und Angeln gehen am Strand und an den Felsen. Sein

Angelgerät war eine große lange Rute, dreißig Fuß lang, verbunden mit einer Schnur.

So machte er es für eine Weile. Eines Tages angelte er an der Landspitze, da sah er wie Boote aus Dunquin mit vollen Segeln auf ihn zukamen, denn es war ihre Gewohnheit rund um Blasket zu fischen. Eines der Boote sah den Mann an der Landspitze und sie sagten sich, dass dies doch *Donnchadh* sei und, dass es schade wäre, wenn sie nicht zu ihm kämen, um ihm die Nachricht zu geben, dass seine Schwester seit gestern Nacht tot war. Deshalb ließen sie die Segel herunter, ruderten zum Felsen heran und sagten es ihm. Dies war die Antwort, die er der Mannschaft des Bootes gab: Sie sollten nach der Heimfahrt denen zu Hause sagen, er hätte lieber eine Münze von fünf Schilling verloren, als sie tot zu sehen. ›Und‹, fügte er hinzu, ›die Brassen beißen gut zum jetzigen Zeitpunkt.‹ Die Mannschaft des Bootes fand es seltsam, dass er über dem Tod seiner Schwester nicht mehr fühlte, als das Leid über den Verlust von fünf Schillingen und verließen ihn dort. Das Boot war noch nicht lange verschwunden, als ein anderes Boot an derselben Landspitze vorbeifuhr. Da sahen sie im Vorbeifahren, wie eine Welle vom Meer her anschwoll, bis hinter den Mann auf dem Felsen zurollte und ihn kopfüber in die Tiefe riss. Sie blieben noch eine Weile, um zu sehen, ob er wieder an die Oberfläche kommen würde, und er kam kurz darauf, nur noch mit Resten von Atemluft hoch. Sie legten ihn an den Strand und sie mussten einen ihrer Männer mit ihm hinausschicken, weil er weder laufen, noch sich auf den Weg nach Hause machen konnte. Zu Hause stieg er mit dem Mann aus dem Boot. Bald genug kam er wieder zu sich selbst, denn ihm fehlte nichts, nur, dass er zu viel Salzwasser getrunken hatte.

Als er sich in einem oder zwei Tagen erholt hatte, sagte er zu seiner Frau, es sei ein schöner, ruhiger Tag und, das Beste wäre es, wenn er hinginge, sich selbst einige Connor-Fische zu fangen. Seine Frau meinte, er solle nicht gehen, weil ihn die Plage des vergangenen Tages wieder überkommen könnte. Er sagte, das würde nicht geschehen, er werde sich gut in Acht nehmen, denn er habe seine Weisheit teuer erkauft.

Er ging fort und musste zuerst noch Köder für die Fische finden. Krebse sind die besten Köder und sie werden bei Ebbe in Höhlungen gefunden. Er begann Krebse zu fangen und hatte schon eine gute Menge gesammelt. Am Ende aber tat er seine Hand in ein Loch, worin zwei Krebse waren. Als einer der Krebse seine Hand im Loch spürte, schnappte er sie und, weil das Loch sehr eng war, konnte er seine Hand nicht zurückziehen. Er wurde schwarz und rot vor Schreck, denn die Flut lief auf und er konnte nicht weglaufen. Schließlich lief das Wasser schon in seinen Mund und es gab wenig Möglichkeit noch, bald zu entkommen. Schließlich zog er finster entschlossen mit einem Ruck seine Hand heraus. Dies zog er dem Ersticken vor und ließ den Teil der Hand, den der Krebs geschnappt hatte, in der Höhlung zurück. Er machte sich auf den Heimweg und hatte fast alles Herzblut verloren bis zum Zeitpunkt, als er das Haus erreichte.

Als seine Frau ihn auf sich zu kommen sah und das Blut in Strömen floss, fing sie an zu schreien und fragte, was mit seiner verletzten Hand geschehen sei. Er sagte, der fehle nicht viel, nur brauche er einen Lumpen, um ihn darum zu winden. Den wollte sie ihm nicht geben, aus Angst er würde wieder Angeln gehen. So schnappte er sich eines der Kinderhemden und wickelte es um die Hand, so wie sie gerade war und schon ging es wieder um den Hügel herum zum Angeln, mit der vom Hemd verbundenen Hand.

Er ging zum Meer herunter, als er ein gutes Stück Weges hinter dem Hügel war. Schon bald fing er eine Menge von Connor-Fischen, so schnell wie er sie hochziehen konnte. Nach einiger Zeit, als er eine ganze Reihe von ihnen getötet hatte, sah er einen großen Meeresschwall sich noch fern von ihm draußen erheben und er rannte fort, so schnell ihn die Füße trugen. Als er dachte, er sei weit genug vom Brecher entfernt, warf er sich auf den Boden, um zu sehen, wie weit das Meer gekommen war. Als er aber hinsah, was musste er erkennen? Seine Angelrute, die Schnur und die Connor-Fische, sowie seine alte Weste, mit einem 1-Kronen-Geldstück in der Tasche, alles Geld, das er auf der Welt besaß, wie das alles draußen auf dem Meere schwamm! Jedes einzelne dieser Dinge tat ihm empfindlich weh, das Schlimmste von allem aber war die Weste mit dem Kronenstück in der Tasche. So litt er für eine gute Weile lang, und das war schlimm genug.

Und bald sah er ein Boot von Westen her auf ihn zukommen, das schnell gerudert wurde. Er ging ein Stück herunter, um zu sehen, ob er jemand darin erkennen würde. Es waren vier Ruder im Boot, acht Männer darin und eine Frau am Heck. Zunächst erkannte er keine einzige Seele von ihnen, denn sie hatten ihm den Rücken zugewandt. Aber, nach einer Weile, wandten einige ihr Gesicht dem Lande zu, und da kannte er dann den größten Teil von ihnen. Und er sah, dass es nicht Leute aus dieser Welt waren, denn die Frau war seine eigene Schwester, die vor wenigen Tagen gestorben war. Seine Füße und Hände begannen zu zittern, als er sah, wer das war, alles Leute, die aus der Welt geschieden waren. Er ging ein Stück hoch und seine Füße trugen ihn kaum noch aufwärts, obwohl er vorher kein Mann war, den man leicht erschrecken konnte.

Er hielt wieder an und sagte zu sich selbst, dass er sich das Boot lieber noch einmal ansehen wollte, bevor er nach Hause ging. Es war immer noch an derselben Stelle, als er umkehrte, um hinunterzugehen. Der Kapitän aber erhob sich, stand auf und sprach den folgenden Vers:

O Schurke, der nie Jesus und Jungfrau Beachtung gegeben,
Noch Gottes heiliger Messe, vom Priester am Sonntag gelesen,
Tod kam zum lieben Schwesterlein dein: Tat dich nicht stören.
Den Bericht deines Endes wird zuletzt furchtsam man hören.

Er ging nach Hause und das war gerade so viel, wie der arme Kerl machen konnte. Er war so erschreckt, weil er nichts für seine Kinder mitgebracht hatte, als er heimkam und eine andere Sache, die ihn sehr beunruhigte, war es, dass seine alte Weste, mit dem Kronenstück darin, verschwunden war. Als er das Haus erreichte war er vom Leid geprüft und von der Armut heimgesucht noch dazu. Die Schnur, die Rute und die alte Weste waren der größere Teil seines Besitzes gewesen, und das alles gab es für ihn nun nicht mehr. Er verbrachte eine Woche mit Nichtstun.

Aber eines Tages kam ein Mann vom Dorf zu ihm herein, der mit ihm sympathisierte und fragte ihn, ob er mit ihm gehen würde, um Seehunde zu töten. Er sprang so leicht wie ein Windhundwelpe aus seiner Ecke auf, als von den Seehunden die Rede war, denn in jenen Zeiten waren sie eine wichtige Ergänzung für den Lebensunterhalt der Menschen, was jetzt nicht mehr so ist. Er ging mit ihnen und sie hielten nicht still, bis sie *Inisicileáin*, jene Insel, wo Seehunde reichlich vorhanden waren, erreicht hatten. Sie gingen zur Öffnung einer Höhle und es lief dort eine recht starke Dünung auf. Zwei Schwimmer gingen hinein und sie brauchten noch einen weiteren Mann, der helfen sollte, die getöteten Seehunde ins Boot zu bringen. Die Wahl fiel auf den armen *Donnchadh*, und er ging hinein. Jeder von ihnen hatte einen Stock, um die Seehunde zu töten. *Donnchadh* tötete eine Seehundsfrau, die ein Junges bei sich hatte, das sie säugte. Sie töteten einen großen Teil der Seehunde in der Höhle. Aber das Wetter verschlechterte sich durch Sturm und Wellengang. Als sie dachten, es sei an der Zeit, die Seehunde mit einem Seil herauszuziehen, bekamen sie Angst, bei so starkem Sturm selbst überhaupt noch herauszukommen, nicht zu reden von den Seehunden. Einer ging schwimmend nach draußen und hatte das Ende des Seils bei sich. Der zweite Schwimmer folgte, am Seil entlanggehend. Der arme *Donnchadh* hatte in der Höhle das andere Ende des Seils bei sich und die beiden da draußen fingen an, ihn zu sich zu ziehen. Bevor sie ihn aber fassen konnten, zerriss das Seil und er wurde in die Höhle hineingerissen, mitten unter die toten Seehunde. Nie wieder kam er heraus. Die beiden Männer, die es geschafft hatten herauszukommen, erzählten später, dass, als *Donnchadh* gerade die Seehundsfrau mit ihrem Jungen töten wollte, sie zu ihm gesprochen und ihn gebeten habe, sie nicht eher zu töten, bis ihr Junges genug von der Milch getrunken habe.«

Als wir unter dem riesenhaften Schutz von Great Blasket waren, verloren wir den Wind. Sie ließen das Segel herunter und nahmen die Ruder auf, und die Ruder gingen schnell mit der Sehnsucht, nach Hause zu kommen. Die müden Hunde lagen dösend am Haufen mit den toten Kaninchen und ich saß verloren in jenem Zustand halber Trance, den Müdigkeit und Hunger oft in ihrer Folge haben. Der Wind hatte den Wolkenschleier gelüftet und durch Spalten und Stellen im Westen reisten die Sonnenstrahlen über uns hin und erhellten die Küsten der Bucht. Die Berggipfel von *Íbh Ráthach* waren nun frei von ihren langen Wolkenmützen und diese ganze Welt aus Berg und Tal schwamm im Abendglühen, von Elfenlichtern und Traumschatten reflektiert. Möwen und Papageitaucher und Guillemots und alle die geringeren Leute des Meeres trieben oder flogen um uns herum und weit draußen in der Bucht kehrten die Tölpel heim, flogen hoch und gerade und vergaßen es jetzt, das Wasser unter ihnen genau zu prüfen. Kein Tölpel, sagen sie, kommt je an Land auf der Insel oder auf den Felsen darum herum. Sie kommen am Morgen von der Kleinen Skellig und kehren bei Nacht zur Ruhe dorthin zurück. Die Erklärung dafür ist, dass der Tölpel ein königlicher Vogel ist, der auf keinem Felsen ausruhen kann, der nicht die Natur des Marmors in sich hat. Da er aber dafür bekannt ist, sich auf Skellig den Schlafplatz zu suchen, mögen wir daraus folgen, dass der Skelligfelsen in sich etwas von der Natur des Marmors hat. Eine wahrlich mittelalterliche Theorie, die eher von der Erklärung zur Tatsache, als von der Tatsache zur Erklärung, wie in der neuzeitlichen Methode üblich, ausgeht. Ab und zu flog einer von ihnen über dem Boot und ich konnte den gelben Hals und die schwarz geränderten Augen sehen und das Schlagen der langen, schrägen, abrupt schmaler werdenden Flügel.

Bald hatten wir die Landspitze der Insel umfahren und schlüpften um den dazugehörigen Felsen in den kleinen Hafen. Ich stolperte steif die Straße hoch durch das Dorf zu meinem abendlichen Mahl, müde und hungrig und immer noch träumend von dieser einsamen Insel auf dem Meer, heimgesucht durch Elfen und geisterhafte Erinnerungen und die Gebete von Eremiten, die so viele Jahrhunderte schon tot waren.

Der Seehund

Die kleine Bucht, umringt von zerklüfteten Klippen
Sammelt von Flut angeschwemmten Seetang,
Und dahin kommen die Insulaner Tag für Tag
Für dies Kraut, das ihr dürres Feld anreichern wird.
Seit der Klippenpfad sich aufgetan hatte,
Zerspalten durch des Winters zertrümmernden Sturm,
Versammelten sie sich, auszubessern den zerstörten Weg.
Wir faulenzten während ihrer Arbeit,
Lustlos, lachend, redend über dies und das,
Als plötzlich ein Seehund
Steigend und fallend bei wechselnder Tide,
Erhob sein tropfnasses Gesicht, uns anzusehen,
Ein düsteres Antlitz, trauriger noch,
Als die graue Trauer der mondbeschienenen Welle.
Wir sprachen laut, als sofort er verschwand,

Und ein unbelebtes Meer
Erschöpfte sich und erstarb im schäumenden Strand.
Sagte einer: »Er ist einsam, seit sein Bruder still.«
Und so hörten wir die Geschichte,
Traurige Erinnerung der Insel, festgehalten
Von alten träumerischen Menschen,
Erzählt rund ums Feuer in winterlicher Nacht:
Im Zwielicht eines späten Frühlings
Hatten Männer draußen am Strand den Seehund erlegt,
Ihn zum Häuten zur See-Höhle gebracht,
Und mitten in blutig-roter Arbeit der Hände
Rief eine Stimme »Bruder!« laut aus,
Dann »Bruder!« noch einmal. Dann Stille, nur
Ein Wind noch seufzend auf unruhigem Meer.
Noch in der Brandung stehend
Sahen sie, wie ein Seehund stieg und fiel
Auf langsam schaukelndem Meer.
Als sie die roten Hände erhoben, war er gegangen,
Leise hinein geglitten in leise Wellen.

DIE ELFEN

Nach dem Abendessen lebte ich wieder auf und ließ mich, wie es meine Gewohnheit war, träge hinunter zu *Tomás'* Haus im unteren Dorf treiben. Wie alle älteren Häuser liegt es behaglich versteckt unter einem Erdwall, und ein Stufenweg führt von der Hauptstraße herunter. Als ich die Stufen hinunter ging, kam der Schall von Reden durch das offene Fenster und ich schob den Riegel hoch. Ich fand *Tomás* und seine Abendgesellschaft in ein hitziges Streitgespräch verwickelt. Stille herrschte, als ich die Tür aufstieß. »Wohlstand von Gott für alle hier«, sagte ich beim Hereinkommen, und »Langes Leben für dich« kam als rituelle Antwort, als ich durchs Zimmer gehend meinen Sitz beim Feuer nahm.

Tomás saß auf der anderen Seite der Feuerstelle und ihm gegenüber, auf der Sitzbank am Fenster, saß *Maurice Eoghain Bháin*, einer von den Ó Conors, ein Mann am Ende seiner mittleren Jahre, mit vorzeitig weiß gewordenem Haar, seine Arme fest verschränkt, der in plötzlichen Stößen redete, mit einer schroffen, entschiedenen Ungeduld. Auf dem Tisch ihm gegenüber saßen zwei Männer, *Peats Shéamuis*, ein kleiner lebhafter Mann und ein anderer, dessen geheimnisvoller Spitzname »*Caisht*« ist, einer der besten Geiger der Insel. Sie saßen da, alle nach vorne gelehnt, mit der Haltung von vorsichtigen Fechtern und man konnte die zuletzt gesprochenen Worte fast sehen, die immer noch an der Behauptung festhielten, die zwischen ihnen in der Luft hing.

»Ihr habt miteinander gesprochen, als ich herein kam«, sagte ich, »und es muss wohl ein strittiges Thema unter euch geben.«

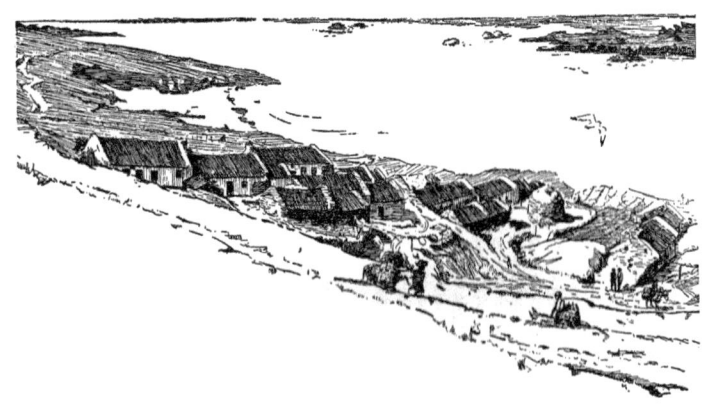

»Das kann man wohl sagen, *Bláheen*«, rief *Maurice*, »Denn, hier, der *Caisht* hat gesagt, dass es solche Dinge wie Elfen nicht gibt und auch nie gegeben hat.«

»Nein,« sagte *Caisht*, »Aber ich behaupte nicht, dass es in der alten Zeit keine Elfen gegeben hat, aber es ist nun schon lange her, seit die Priester die Oberhand über sie gewonnen haben und in der heutigen Welt gibt es keine Elfen und das gilt auch auf längere Sicht. Was sagst du dazu, *Bláheen*?«

Ich wollte gerade meine Worte für eine Antwort sammeln, als *Peats Shéamus* sich einmischte: »Es kann sein, dass es Elfen gibt, es kann aber auch nicht sein,« rief er aufgeregt, »aber jeder weiß, dass es Dinge außerhalb dieser Welt gibt, von denen Sachen vollbracht werden, zu der keine Macht der Welt fähig wäre. Und ich weiß das ganz genau, weil ich es mit eigenen Augen gesehen habe.«

»Na ja«, sagte ich, »es hat in alter Zeit einen weisen Mann bei den Engländern gegeben und der hat gesagt, dass es mehr Dinge im Himmel und auf der Erde gibt, als die Weisheit sich träumen lässt. Aber, was hast du mit eigenen Augen gesehen, das sonst keine Macht der Welt tun könnte?«

»Was meinst du,« sagte er, »würdest du glauben, dass eine Kirche und ein Friedhof, mit all den Leichnamen der Toten darin, in die Luft gehoben werden können, vier Meilen durch die Luft sausen und am nächsten Tag an einer Hügelseite aufgefunden werden, vier Meilen von jener Stelle entfernt, wo sie gestartet sind?«

»Tja, dafür würde man wohl eine große Portion an Glauben brauchen. Aber, hast du denn die Kirche, den Friedhof und die Leichname durch die Luft fliegen sehen?«

»Habe ich nicht. So aber ist es geschehen: In Minard, weiter hoch an der Bucht, gab es eine Kirche und einen Friedhof. Ein reicher Mann aus der Nachbarschaft pflegte seine Toten dort zu begraben. Und ihn verdross es, dass es den armen Leuten des Ortes gestattet war, ihre Toten am selben Platz zu beerdigen, wo seine Verwandtschaft lag. Eines Tages hatte man dort einen armen Mann beerdigt und ein Pferd des reichen Mannes war am Tag zuvor gestorben. Und was hat er gemacht? Er nahm sein Pferd und beerdigte es auf demselben Friedhof. An diesem Tag geschah nichts, aber, als sie dann am Morgen aufstanden, war die Kirche nicht mehr da, auch nicht der Friedhof und auch nicht die Gräber der Toten, nur noch das Grab des Pferdes. Da schauten sie woanders hin und was sahen sie da? Die Kirche und den Friedhof und die Gräber vier Meilen entfernt an der Hügelseite. Dort sind sie immer noch und ich habe sie mit eigenen Augen gesehen. Was sagst du dazu?«

»Ich weiß nicht, was ich sagen soll«, sagte ich. »Wenn du sie mit eigenen Augen gesehen hast, ist es unzweifelhaft, dass sie da sind. Aber es ist eine andere Frage, was sie dahin gebracht hat.«

»Aber hast du denn je eine ähnliche Geschichte aus irgendeinem Teil der Welt gehört?« fragte *Tomás*.

»Es ist eine etwas andere Geschichte,« sagte ich, »aber, ich habe von einem Haus gehört, das mitten in einer großen Stadt, in der Nachbarschaft von London City, verschwunden ist, obwohl es keine Elfen oder irgendetwas jenseits der Welt gewesen ist, was es hinweg genommen hat.«

»Dann erzähle uns die Geschichte.«

»Es geschah so: Eine gewisse Dame, eine Tante meiner Frau, besaß ein Haus in einer Stadt namens Norwood. Und sie wurde für geraume Zeit krank und zuletzt sagte der Doktor zu ihr, sie müsse für einige Monate auf den Kontinent nach Europa reisen. So schickte sie ihre Diener nach Hause, schloss die Haustür ab und ging weg. Ihre Reise dauerte ein viertel Jahr. Zum Schluss hatte sie ihre Gesundheit zurück erhalten und sie sprach zu sich selbst, dass sie nun heimgehen möchte in ihr schönes Haus, um froh darin zu leben. So ging sie heim und kam die Straße herunter, wo das Haus war, und als sie auf die gegenüber liegende Seite kam, war das Haus nicht mehr da, nur nackter Bodengrund. Sie war entsetzt und schaute sich die Stelle noch eine Zeit lang an, bis ein Nachbar herauskam und sie begrüßte. Und sie sagte zum Nachbarn: ›Wo ist mein Haus?‹ Und der Nachbar sagte, ›Hast du denn nicht Order geschickt, es wegzuholen?‹ Und sie sagte, sie hätte keine solche Anordnung gegeben. Da erzählte der Nachbar die Geschichte: Wie ein Mann eines Tages mit einem Lastwagen gekommen war und, wie er in den Garten des Hauses gegangen sei und dort ein Schild aufgestellt habe, worauf geschrieben stand: ›John Smith, Bauunternehmung‹ oder etwas Ähnliches. Und die Männer gingen in das Haus und holten die Möbel heraus, beluden damit den Lastwagen und fuhren sie fort. Am nächsten Tage kamen sie wieder und auch am nächsten Tage danach und so noch längere Zeit, und sie rissen das Haus nieder, Ziegelstein für Ziegelstein, bis sie alles auf den Lastwagen geladen hatten und es fortfuhren. Dann nahmen sie das Schild wieder weg und niemand hat sie oder das Haus seitdem wieder gesehen, noch nicht einmal eine Spur davon. Weder sie noch das Haus wurden je wieder gesehen.«

»Das ist eine seltsame Geschichte« sagte *Tomás*, »aber das waren nicht die Elfen, die das Haus weggenommen haben, auch keine jenseitige Macht der Welt, sondern üble Männer, gut geschult an der Hochschule für Dieberei.«

»So kann man wohl sagen«, sagte Maurice, »denn es gibt Menschen, die auch in diesem Handwerk gut ausgebildet sind. Und das ist ein einfaches Leben, das sie führen, verglichen mit unserer Arbeit, die wir hier haben, indem wir mit unseren Armen unseren Unterhalt aus dem Meer ziehen bei Nacht, und wenn sie zu Ende geht, oft ohne Fisch im Netz.« Und sie verfielen darauf, das harte Leben der Armen zu diskutieren und machten eine dreifache Unterteilung der ganzen Menschheit: Der Mann mit einem Posten; der Mann, der arbeitet, um seine Rechnungen zu bezahlen; und der Mann, unter der Gnade der Welt.

»Wir sind es, die unter der Gnade der Welt stehen«, sagte einer, »und es ist eine armselige Gnade: Hartes Leben und wenig Verdienst, das Armenhaus und das Grab am bitteren Ende. Aber der Mann, der einen Posten hat, kann der Welt ins Gesicht sehen, und der Mann, der arbeitet, um seine Rechnungen zu bezahlen, kann immer etwas Geringes finden, was zu tun ist und am Ende des Tages Geld heimbringen für seine Familie. Und das Meer lässt uns jetzt im Stich. Gibt es nicht irgendwo eine Prophezeiung, dass am Ende der Welt das Meer eine Kuh sein wird, die keine Milch gibt? Es wird nicht mehr lange dauern, bis das Meer keine Fische mehr hat und war es nicht dies, was der Prophet meinte, als er sagte, es würde sein wie eine Kuh, die keine Milch gibt?«

»Glaubst du an Prophezeiungen?« sagte ein anderer. »Es gab einen alten Mann auf dem Festland und er kannte alle Prophezeiungen von Columcille. Und Columcille hat gesagt, dass es ein Zeichen des Weltendes sei, wenn ein auf einem Rad reitendes Weib kommen würde. Und als die erste Frau, die Fahrrad fahren konnte, bei Slea Head auftauchte, da rannte er in sein Haus, mit schreckensvollem Gesicht, und rief, das Ende der Welt sei gekommen, denn er habe ein Weib auf einem Rad reiten sehen, wie es die Prophezeiung gesagt hatte. Und das ist nun schon lange her und die Welt hat noch nicht aufgehört bis jetzt.«

»Vielleicht war es ja nicht das Weib und auch nicht das Rad, das der Heilige im Sinn hatte, und diese Prophezeiung wird trotzdem noch eintreffen.«

So verfielen wir darauf, über Gott und die Welt zu diskutieren: Wie doch niemand wissen könne, wie der Rahmen aller Dinge entstanden sei und noch weniger könne man sagen, wann es zu seinem Ende käme. Und einer schlug vor, dass es nie aufhören werde und ein anderer konterte mit der Überlieferung von den Heiligen, die ein Ende der Dinge und das jüngste Gericht angekündigt hatten. Und zuletzt, bei einer Wendung des Gesprächs, die ich vergessen habe, waren wir wieder bei den Elfen. Und *Tomás* sagte, es habe Fälle gegeben, jedermann hier auf dem Lande bekannt, bei denen Frauen von den Elfen entführt wurden, damit sie mit ihnen im Erdhügel[14] wohnten.

»Es ist noch nicht lange her«, sagte er, »dass eine Frau aus der Sippe meiner Mutter, die O'Sheas, entführt wurde und als ich noch jung war, kannte ich Leute, die sie gesehen haben. Sie war ein wunderschönes Mädchen und sie war noch nicht ein Jahr verheiratet, als sie krank wurde. Und sie sagte, sie müsse sterben und, wenn das so wäre, würde sie lieber in dem Haus sein, in dem sie ihr Leben verbracht hatte, als in einem fremden Haus, worin sie sich weniger als ein Jahr aufgehalten hatte. So ging sie zurück in das Haus ihrer Mutter und starb schon sehr bald und wurde beerdigt. Sie war noch kein Jahr beerdigt, als ihr Mann erneut heiratete, und er hatte von seiner zweiten Frau zwei Kinder. Aber eines Tages kam ein Brief zu ihren Leuten, ein Brief mit Siegel darauf.

Er war von einem Bauern, der in der Nachbarschaft von Fermoy lebte. Er sagte, es geschehe nun schon einige Monate lang, dass, wenn die Familie auf seinem Hof nachts zu Bett gehe, und

---

14 Die Aufklärung kam wiederum von Mícheál de Mórdha: Das Wort »liss« gibt es im Englischen nicht. Flower hat hier das Irisch-Gälische »lios« phonetisch anglisiert und im Zusammenhang mit »Fairies« hat es die Bedeutung »Erdwall« oder »Erdhügel«.

noch Essen stehen bleiben würde, nichts mehr davon am Morgen zu finden sei. Er sagte sich selbst, er werde schon herausfinden, was da in der Nacht käme, um das Essen wegzunehmen. So setzte er sich eines Nachts aufrecht in eine Ecke der Küche und um Mitternacht öffnete sich die Tür und eine Frau kam herein, die wunderschönste Frau, die er mit seinen Augen je gesehen hatte. Und sie kam hinauf in die Küche, hob die Schale mit Milch, die sie draußen gelassen hatten und trank davon. Er kam zwischen sie und die Tür und sie wandte sich ihm zu und sagte, dies sei es, was sie gewollt habe. So fragte er sie, wer sie wäre, und sie sagte, sie käme vom Erdhügel an der Ecke des Hofes, wo sie von den Elfen als Gefangene gehalten werde. Sie hätten sie hierher getragen aus einem Ort in der Gemeinde Ventry und für sie einen Wechselbalg hinterlassen. Der Wechselbalg sei gestorben und an ihrer Statt beerdigt worden.

Sie sagte, der Bauer müsse an ihre Leute schreiben und sagen, dass sie im Erdhügel bei den Elfen sei und, dass sie kein Essen der Elfen zu sich genommen habe, denn, wenn sie nur einmal davon äße, müsste sie für immer bei ihnen bleiben, bis zu ihrem Tod. Wenn ihr dann der Tod nahe sei, würden sie sie durch die Luft tragen und an der Stelle einer anderen jungen Frau absetzen und die junge Frau an ihrer Statt zurück tragen, damit sie an ihrer Stelle mit ihnen im Erdhügel bleibe. Wenn er aber an ihre Leute schriebe, müsste er ihre Mutter fragen, ob sie sich an eine Nacht erinnere, als ihre Tochter krank im Bett lag und die Mutter am Feuer saß, vor sich hin sinnierte und alles andere vergessen hatte, und dann der Rand ihres Rockes Feuer fing und für eine Weile brannte, bis sie es bemerkte. Wenn sie sich an diese Nacht erinnere, wäre das für sie ein Zeichen, denn in dieser Nacht sei ihre Tochter entführt worden und das Feuer am Rock ihrer Mutter, sei das Letzte im irdischen Leben gewesen, an das sie sich erinnere. Und als sie dies gesagt hatte, ging sie hinaus durch die Tür und der Bauer sah sie nicht mehr.

So schrieb er denn am nächsten Tag den Brief, wie sie ihm bedeutet hatte. Ihre Leute aber taten nichts, denn sie befürchteten, wenn sie sie zurückholten, es wegen der neuen Frau und der zwei Kinder Ärger geben würde. Wieder und wieder ging sie zum Bauern und der schrieb sieben Briefe mit Siegeln und die Nachbarn sagten alle, es sei eine Schande, sie den Elfen in ihrem Erdwall zu überlassen. Und ihr Ehemann sagte, es sei ein großes Unrecht, seine Frau im Erdhügel zu halten und sie sollten gehen und sie aus dem Erdhügel herausholen, was auch immer das für Ärger einbringen würde. So machten sie sich auf, ihre eigenen Leute und ihr Ehemann, und als sie bis nach Dingle gekommen waren, sagten sie, sie würden lieber gehen und den Priester um Rat fragen.

So gingen sie zum Priester, der zu jener Zeit Dienst tat, und erzählten ihm die Geschichte vom Anfang bis ans Ende. Als er die Geschichte gehört hatte, sagte er, dies sei ein schwerer Fall und verstoße gegen das Gesetz der Kirche. Da sagte der Ehemann, wenn sie die Frau aus dem Erdhügel herausgebracht hätten, würde er sie nicht zu sich nehmen, um keinen Skandal auf dem Lande zu verursachen, sondern er würde sie nach Amerika schicken und mit seiner zweiten Frau und ihren Kindern weiter zusammenleben. Aber der Priester sagte, auch wenn die Frau eines Mannes in Amerika sei, wäre sie immer noch seine Frau, und es verstoße gegen das Gesetz des Papstes, dass ein Mann zwei Frauen hat. Obwohl es also eine harte Sache war, mussten sie die Frau im Erdhügel bei den Elfen lassen, denn es war weniger übel, das Brot der Elfen zu essen und immer mit den Elfen zusammen im Erdhügel zu sein, als dass Gottes Gesetz gebrochen würde und ein Mann in dieser Welt zwei Frauen hätte.

Sie konnten nichts gegen den Priester sagen und gingen kummervoll nach Hause. Und als die Frau dies vom Bauern hörte, ging sie zurück zu den Elfen in den Erdhügel, aß ihr Brot und blieb bei ihnen.«

Diese Geschichte lockerte die Lippen der Gesellschaft und einer nach dem anderen sprach über ähnliche Geschehnisse: Wie z.B. in einem Jahr die Elfen fünfzehn junge Frauen aus einer Gemeinde entführt hatten und keine von ihnen je wiederkam. Nun aber war die Macht der Priester so stark, dass die Elfen gebändigt und ihr Zauber von ihnen gegangen war.

Es war spät geworden und ich begann auf meinem Stuhl einzuschlafen, nach einem langen Tag unter offenem Himmel. Ich stand auf, ging durch die Küche, drehte mich am Türweg um und sagte »Gute Nacht.« »Auch dir eine glückliche Nacht«, antworteten sie wie ein Mann und ich ging hinaus in die Sternennacht. Der Wind hatte den Himmel von den letzten Wolkenfetzen leergefegt und in dieser kalten, klaren Luft des beginnenden Frühlings glitzerte und funkelte die unzählbare Gesellschaft der Sterne über dem schlafenden Dorf.

Den unebenen Pfad zum oberen Dorf hochsteigend, ging ich ein kleines Stück von den Häusern weg und sah hinaus über das Meer. Die fließende Linie der Küste Irlands war über dem Sund undeutlich sichtbar, *Beiginis* und die Felsen der Meeresstraße schwammen schwärzlich in einem farblosen Meer und das Leben schien sich in den weiten Bogen des Himmels zurückgezogen zu haben, im Westen vom Horizont des Atlantik in der Schwebe gehalten und auf der anderen Seite auf die schattenhaften Berge jenseits des weitesten Arms der Bucht von Dingle gegründet.

Es ist zweifellos eine persönliche Phantasie, aber oft habe ich in so frostigen, nebelfreien Nächten, mir vorgestellt, dass in der pochenden Strahlung der nahe gelegenen Konstellationen und der haufenweise glühenden Milchstraße – den »Jakobsweg« nannte sie der Pilger des Mittelalters, als wolle er den Glauben mit etwas Heidnischem versöhnen – ein bewusstes Leben gleichgültig oder für den Menschen schädlich ist. In solcher Stimmung und unter solchem Himmel ist es leicht an die Wirklichkeit von Elfen zu glauben und es kann sein, dass es solche Stimmungen und solche Nachthimmel waren, die ihnen zur Geburt verholfen haben. Dass von den kalten Mondstrahlen und dem ruhelosen Gefunkel der Sterne die Vorstellungskraft Gestalten und Allegorien der eigenen Ängste Verkörperung verlieh, ihnen Wesen und Wohnung auf Erden gab und zuletzt Macht über die Körper und Sinne der Menschen. Sie sind ein Bild des unversöhnlichen Misstrauens des Menschen gegenüber der Natur, und es war in den großen Städten, wo tausende von Wegen ersonnen wurden, um natürliche Notwendigkeiten und natürliche Ängste zu verdrängen, sodass die Menschen begannen sie zu vergessen.

Hier, dachte ich, werden die Elfen in Kürze, in wenigen Jahren ganz verschwunden sein. Denn sie haben nur Wohnstatt im Geiste der alten Männer und Frauen und die jungen Leute glauben nicht länger an sie. Ich verließ diese Gedanken, die von der kalten, klaren Nacht gezeugt waren und vergaß die Müdigkeit eines langen Tages in einem traumlosen Schlummer auf Vogelfedern, die ich am Morgen noch so eilig verlassen hatte.

Nachwort des Übersetzers
– mit einem Lebensbild von Robin Flower

Melancholisch endet das Vorwort Robin Flowers zu seinem Werk »Die Westliche Insel«: Nach der Totenklage über seine Freunde auf der Insel Great Blasket, im westlichsten Zipfel Europas, vor allem über den Tod seines Dichterfreundes Tomás, sei alles, was davon übrig bleibe nur »das Lied, das wir zusammen gemacht haben über den Schnee vom vorigen Jahr.« Dieses Vorwort datierte Flower auf seinen vorletzten Geburtstag, den 16. Oktober 1944, schon während der tödlichen Krankheit, die ihm nur noch fünfzehn Monate ließ – das Buch selbst war vorher, noch in den Tagen der Gesundheit, entstanden.

Es ist dieselbe Melancholie, die man aus Truffauts Verfilmung von Ray Bradburys »Fahrenheit 451« in bildhafter Erinnerung haben kann: Wie da am Ende des Films Frauen und Männer auswendig Bücher rezitieren, an einem behüteten Ort jenseits der totalitären Gegenwart – während es anhaltend schneit: Von Robinson Crusoe bis Anna Karenina. Hier wie dort wird etwas über den eigenen Tod hinaus aufbewahrt für eine vielleicht bessere Zukunft, in der das trotzig Behaltene noch wieder zu großer und notwendiger Bedeutung kommen kann.

Ohne diese Hoffnung hätte Flower Great Blasket und seinen Nachbarinseln kaum ein so ergreifendes literarisches Denkmal wie in »Die Westliche Insel« gesetzt. Doch die Trauer ist immer dabei und das Wissen, letztlich nicht viel festhalten zu können im Strom der Überlieferung. Und da dürfen wir uns Robin Flower vorstellen, wie er, an einen Felsen gelehnt über die Bucht schaut und denkt, »wie schwach und trügerisch die Erinnerung doch sei, die Generationen von Menschen hinterlassen. Kaum mehr Substanz als diese vom Wind verursachten Rinnsale und Strudel, die für einen Augenblick die unveränderliche Oberfläche des Wassers kräuselten, um wieder abzuebben, hinein in die weite Gleichgültigkeit des Ozeans.« (S. 25) – Bücher aber sind festgehaltene Momente, Manifeste des Augenblicks und damit Schatztruhen der Zukunft. Wer so denkt, wird nicht zufällig stellvertretender »Keeper« der Handschriftenabteilung des weltberühmten British Museum in London: Um dort mit Hingabe das schriftlich Festgehaltene der irischen Überlieferungen zu lesen, zu transkribieren, zu systematisieren und künftigem Zugriff zu öffnen: Eine Lebensaufgabe, der sich Robin Flower weit über seine physischen Grenzen hinaus gewidmet hat, wie sein Kollege und Freund Sir Harold Idris Bell in seinem ausführlichen und mit Empathie geschriebenem Nachruf zu berichten weiß (Sir H.I. Bell, »Robin Ernest William Flower 1881–1946«, in: Proceedings of the British Academy, Bd. 32, 1946).

Robert Ernest William Flower wurde am 16. Oktober 1881 in Meanwood, in der nordenglischen Grafschaft Yorkshire geboren. Beide Eltern waren anglo-irischer Abkunft. Über seine Mutter Jane, geb. Lynch, deren Familie aus Galway stammte, erfahren wir fast gar nichts. Um so mehr über seinen Vater Marmaduke Flower, dessen Leben abenteuerlich zu nennen sicher keine Übertreibung ist. Sir Harold Bell hat seine »Karriere« zweifellos mit einem zwinkernden Auge beschrieben: »Dem *Gentleman's Journal* vom 15. März 1898 entnehmen wir, dass er in Heidelberg seine Ausbildung unter dem berühmten Dr. Guspie empfing und sie später am St. Andrew's College, Dorset, beendete. Worüber das *Gentleman's Journal* n i c h t berichtete, war, dass er zur See fuhr und nacheinander Soldat im amerikanischen Bürgerkrieg (in welchem er auf Seiten der Konföderierten kämpfte), Matrose, Seeoffizier und

Goldgräber in Australien war. Seine Karriere in der Südstaatenarmeee endete mit seiner Desertion, als er und ein Kamerad aus dem Truppentransportzug in einen Fluss sprangen.« (H.I. Bell, a.a.O., S. 354) Sein Kamerad wurde erschossen. Er überlebte, weil er in Schultagen gelernt hatte, sich lange unter Wasser zu halten. Als sein Vater gestorben war, kehrte er nach England zurück, wo er kurzzeitig wegen Landstreicherei verhaftet wurde. Schon in gesetztem Alter beschloss er Landschaftsmaler zu werden, wechselte aber dann in die Porträtmalerei, worin er sich hohes Ansehen erwarb. Als er 1910 starb, war er Assistent des berühmten deutschstämmigen Malers und Bildhauers Sir Hubert Herkommer, an dessen Schule für Malerei und Graphik in Bushey, die für die Ehefrau seines Sohnes Robin noch wichtige Bedeutung bekommen sollte.

Den Gegenpol, in Gestalt des bürgerlich-ernsthaften Wissenschaftlers, verkörperte Marmadukes Vater, Robin Flowers Großvater: Der Pfarrer William Balbro Flower, zugleich ein bekannter Schriftsteller und Gelehrter der Patristik. Er veröffentlichte, neben vielfältigen Übersetzungen, klassische und volkstümliche Sagen und Legenden (!). Er starb durch einen Reitunfall in Labuan (Insel vor Malaysia), wo er zuletzt »Kolonialkaplan«, also Militärdekan, war.

Aus dieser Abkunft auf ein prägendes Erbe bei Robin Flower zu schließen, fällt nicht schwer. So 1946 Sir Harold Bell, der in seinem Nachruf schrieb: »(es) waren Traditionen der Gelehrsamkeit Teil von Robin Flowers Erbe, aber zweifellos stammte sein Lernwille mehr vom Großvater, als vom Vater, obwohl von Letzterem die ästhetische Geistesauffassung gekommen sein mag.« Und so auch, noch beträchtlich weitergehend, 2005 Irene Lucchitti aus Australien, in ihrer Dissertation (»Islandman Translated: Tomás Ó Crohan, Autobiography and the Politics of Culture«, University of Wollongong, S. 147): »In Robin trafen sich das wissenschaftliche Interesse und die Weite des Großvaters mit der Ungezwungenheit, der geistigen Unabhängigkeit und der künstlerischen Natur und Begabung des Vaters und stattete ihn mit einer besonders reichen und vielschichtigen Empfindungsfähigkeit aus, was wichtig wurde für sein berufliches Leben, wie auch für seine Aktivität auf den Blasketinseln.« Der ihm freundschaftlich verbundene und besonders nahe stehende Harold Bell fasste zusammen: »So haben wir nun einige der Zutaten, die dabei waren, Flowers Temperament und geistige Ausstattung auszumachen: Ein Zuhause in der Nähe des Moorlands von Yorkshire und einen Schuss Yorkshireblut dazu, mit allem darin, was dies an Mut und standhafter Unabhängigkeit bedeutet, Irische Vorfahren, die in ihm arbeiteten und ihm jenen nostalgischen Patriotismus einflößten, der gerade bei denen, die im Exil von vermischter Herkunft sind, oft stärker ist, als bei den im Lande Geborenen, eine Tradition der Gelehrsamkeit, die von seinem Großvater herkam und eine Mischung aus abenteuerlicher Anpassungsfähigkeit und Aufnahmefähigkeit für das Schöne, wie er sie vom Vater besaß. Es ist einfach, bei solchen Vorgängern, die Richtung zu verstehen, die sein Genius nehmen sollte.« (Bell, a.a.O., S. 355)

Die Lesewut, von der Flower sein Leben lang ergriffen war, zeigte sich schon früh und nahm manchmal skurrile Züge an. Ein Schulfreund berichtete: »Auf unserem morgendlichen Weg oder besser gesagt Lauf zur Schule, der etwa eine Meile betrug, mussten wir das Woodhouse Moor überqueren. Ich war immer in Gefahr zu spät zu kommen, kam aber nicht umhin zu bemerken, dass sich da hinter mir noch ein anderer Junge abrackerte. Er war insofern ein bemerkenswertes Objekt, als er offensichtlich versuchte, während des Laufens gleichzeitig zu lesen … Als er ein Fahrrad erhielt…, wurde er bei allen Polizisten auf dieser Strecke bekannt für seine Gewohnheit, während des Steuerns durch den Verkehr gleichzeitig zu lesen … Öfters wurden seine Taschen von zornigen Lehrern durchsucht und ihr Inhalt konfisziert, während die Klasse voller

Staunen mit ansah, welche Mengen an Lesestoff bei ihm herauszuholen war.« (Bell, a.a.O., S. 355f.)

Während seiner Gymnasialzeit in Leeds wechselte er von den neusprachlichen zu den altsprachlichen Fächern. Durch seine hohe Begabung und immensen Fleiß gelang es ihm viele Preise zu erringen und schließlich sogar ein Stipendium am renommierten Pembroke College, Oxford, zu erhalten. 1900, kurz vor seinem 19. Geburtstag, ging er nach Oxford. Bell schreibt dazu: »Sein Leben dort scheint er nachhaltig genossen zu haben und man kann sich vorstellen, dass seine Lektüre weit gefächert und verschiedenartig war. Aber, auch wenn wir seine rasche Auffassungsgabe und sein erstaunlich gut speicherndes Gedächtnis in Rechnung stellen, hätte er die Bestnote in der altsprachlichen Prüfung (1902) kaum bekommen ohne harte Arbeit über die vorgegebenen Studienthemen.« (Bell, a.a.O., S. 357)

Dass er aber keineswegs nur ein blasser Streber war, zeigt ein Auszug aus einem Brief an seine Mutter aus jenen Tagen: »Ich fühle mich wieder recht fröhlich unter dem Einfluss des Frühlings in Oxford. Das Wetter ist einfach göttlich, richtiggehend duftend nach Stakkähnen, Strohhüten und Tennis und nach allem anderen, wonach ein Mann sich sehnen mag.«

Hier sah er auch zum ersten Male seine spätere Frau, Ida Streeter, jüngste Schwester des damaligen Dekans von Pembroke. Sie wollte Kunststudentin werden und der Dekan erinnerte sich in diesem Zusammenhang an Flowers Vater, den Porträtmaler Marmaduke Flower, und man befragte Robin in dieser Sache. Das Ergebnis war, dass sie Studentin an Herkommers Schule in Bushey wurde.

1904 hatte Flower dann alle weiteren Prüfungen ebenfalls mit Auszeichnung bestanden und durfte bester Hoffnung sein für eine glänzende Laufbahn im höheren Verwaltungsdienst, nach bestandenem Staatsexamen, auf das er sich mehr als gründlich vorbereitete. Aber er kollabierte während des Examens und musste aus dem Zim-

mer getragen werden. Bell hierzu: »Er hatte sich ganz augenschein-
lich nicht geschont. Er machte nie halbe Sachen; bei jeder Aufgabe,
die er auf sich nahm, war er fähig, sie mit einer konzentrierten
Intensität zu verfolgen, welche die letzte Unze seiner mentalen und
physischen Kraft erforderte.« (Bell, a.a.O., S. 358)

Das Resultat war der fast vollständige Verlust des Gedächt-
nisses, wovon er später, in seinen letzten Lebenstagen noch einmal betroffen werden sollte. Die Ärzte verordneten eine länger
andauernde Ruheperiode, die er auf den Orkney Inseln verbrachte.
Danach ging er nach Köln, von wo er schon seine Fühler zum British Museum hin ausstreckte. Nach vergeblicher Bewerbung – die
Kräfte waren noch nicht gänzlich zurückgekehrt – beim »Victo-
ria- und Albert-Museum«, ließ er sich auch für das British Museum
examinieren und wurde dort, nach erfolgreichem Abschluss, zum
Assistenten zweiter Klasse in der Handschriftenabteilung ernannt.
Er begann dort am 10. September 1906.

Sein ihm nur geringfügig übergeordneter »Senior« wurde
hier besagter Harold Idris Bell, und diese Kollegialität mündete in
eine Lebensfreundschaft und beide – der eine vom Irischen, der
andere vom Walisischen her – waren sich von Anfang an einig in der
romantischen Keltenbegeisterung, in der sie sich gegenseitig inspirierten. Von Flower ist aus dieser Zeit ein Gedicht erhalten, das von
dieser Phase zeugt:

Weil denn ein Traum in unsrem Blut
Im Herzen Sehnsucht nicht geheuer
Nach Rosen nicht aus Erdengut
Und Flammen nicht aus irdisch Feuer
Fehlt Ruh uns in begrenzter Welt
Doch schicken wandernd wir Gedanken
Wo Dunkelheit auf Mauern fällt
Stirbt Morgenrot jenseits der Schranken

Später allerdings wurde Flower diesen romantisch verklärenden Tendenzen gegenüber wesentlich kritischer und sprach in seinem Aufsatz *Byron and Ossian* (1928) von der »ossianischen Ansteckung« wie von einer epidemischen Krankheit.

Sein »Senior« erlebt Flower in dieser Arbeit als eine »lebhafte und fesselnde Persönlichkeit. Er hatte eine außerordentliche Konzentrationsfähigkeit und war in der Lage, das Wesentliche eines Buches oder eines Artikels fünf Mal schneller zu erfassen als andere.«

Er wirkt auf ihn, »als beherrsche er den Kniff, alles, was er wollte, herauszubekommen nur durch den Blick auf den Einband und hastiges Herumblättern der Seiten.« Und mit Bewunderung gibt Bell zur Kenntnis: »Von Anfang an nahm er die Gewohnheit auf, durch die Abteilung zu wandern und von den Borten irgendein Manuskript herunter zu holen, das seine Aufmerksamkeit erregt hatte. So schnell konnte er seinen Inhalt erfassen und so wunderbar war sein Gedächtnis, dass er noch vor Ablauf von zwei Jahren in der Abteilung, bei Weitem mehr über die Sammlungen wusste, als die Meisten von uns.«

Das Bild, das Bell malt, besteht aus den Farben der Freundschaft. Aber unkritisch ist sein Urteil nicht: »Seine drastische Abweisung jeder Meinung, die er nicht für empfehlenswert hielt und eine Selbstzentriertheit, die sein Hauptfehler (man mag wohl sagen: sein einzig ernsthafter überhaupt) war, konnten von Zeit zu Zeit schmerzlich sein und bei manchen Leuten den Eindruck hinterlassen, ihm fehle es an Sympathie und Güte.« Dies allerdings will Bell so nicht stehen lassen: »Sein ganzes Leben lang war er die Seele eines gütigen Menschen, bereit jedem zu helfen, der Hilfe suchte, großzügig Zeit, Geld und Mühe einsetzend, um vielen Freunden und Bekannten zu helfen, häufig auch völlig Fremden, die sich an ihn wandten.« Und sein Porträt wird an dieser Stelle mit einer Bemerkung beendet, die treffend zu beleuchten scheint, wie man sich den *Bláheen* auf Great Blasket vorstellen mag und wie es in seinem Buch »Die Westliche

Insel« überall hindurchschimmert: »Seine außergewöhnlichen mentalen Gaben schlossen nicht eine gewisse Naivität aus, eine offenherzige Einfachheit des Charakters.« (Bell, a.a.O., S. 360)

Eine interessante Episode erzählt Bell noch aus den Anfängen am British Museum. Flower hatte sich mit einem Dichter, Vivian Locke Ellis, befreundet. Man zog zusammen in ein Quartier in der Whitcomb Street, im Zentrum Londons, nahe Piccadilly Circus. Bell berichtet: »Ein Besuch in ihrer recht bohèmehaften Niederlassung war eine erfreuliche und anregende Erfahrung. Beide … brachten … 1910 ein literarisches Periodikum namens *The Open Window* heraus. Kurzlebig, wie der Weg solcher Unternehmungen zu sein pflegt, überlebte es wenigstens bis zur Fertigstellung des zweiten Bandes. Die zierlichen kleinen Bände, verschönert mit guten Bildern befreundeter Künstler von Rang, sind kostbare Erinnerungsstücke dieser Freundschaft.« (Bell, a.a.O., S. 361)

Im zweiten Band veröffentlichte Flower seine bemerkenswerte Übertragung eines alten irischen Gedichtes, *Tempest on the Sea,* das *Ruman mac Colmáin* zugeschrieben wird. Zu diesem Zeitpunkt kannte er die Stürme und Unwetter vor Great Blasket noch nicht.

Als er 1911 Ida Mary Streeter heiratete nahm sein Bohèmeleben in der Whitcomb Street ein Ende und man zog gemeinsam nach Chelsea. Ida hat auf Great Blasket die feinen und stimmungsvollen Radierungen gezeichnet, die als Illustrationen für »Die Westliche Insel« verwendet wurden. Bell spricht davon, es sei »eine einzigartig glückliche Verbindung« gewesen, die der jeweiligen Andersartigkeit freien Raum ließ, ohne symbiotische Züge. Für sie schrieb Flower seine von Shakespeare inspirierten zehn Sonette »Beauty«. Sie seien, schreibt Bell, »innerhalb einer Woche geschrieben« und hätten »Flower für eine Weile ganz erschöpft zurückgelassen«. Respekt und Zuneigung spricht aus Bells Worten: »Das einzigartige Verständnis und die Selbstlosigkeit ihres Wesens, womit seine Frau ihm half und das ganze verheiratete Leben hindurch sekundierte, kann von seinen

Freunden niemals vergessen werden.« (Bell, a.a.O., S. 362). Flowers Dubliner Irischlehrer, der norwegische Keltizist Carl J.S. Marstrander, der 1907 schon auf Great Blasket war, schreibt in seinem Tagebuch eine interessante Notiz über einen Besuch bei Flower im Jahre 1929: »Flower ist ein exzellenter Mann. … Verbrachte den Abend in Croydon (wo F. mit der Familie wohnte). Er hat dort ein kleines Haus gemietet und wohnt da mit seiner Frau, seiner Mutter und drei Kindern … Frau Flower ist eine angenehme Person, macht aber den Eindruck sehr müde und erschöpft zu sein.« Es muss wohl auch strapaziös gewesen sein, an Robin Flowers Seite zu leben…

Vorangegangen war im Jahre 1910 Flowers erster Besuch auf Great Blasket. Motiviert durch Bells Walisisch-Studien beschloss Flower, seinerseits Irisch zu lernen und beantragte beim British Museum Sonderurlaub, um in Dublin am Irischkurs des norwegischen Professors Marstrander teilnehmen zu können, um dann mit dieser Kenntnis, den Katalog irischer Handschriften fertigzustellen, an dem schon seit 1886 von Standish Hayes Ó Grady gearbeitet worden war. Bell schreibt hierzu: »Der Vorschlag, mit dieser Arbeit fortzufahren in der Nachfolge eines Irischgelehrten von der Reputation eines Ó Grady, war kühn, wenn wir in Rechnung stellen, dass Flower noch ein Anfänger in der Sprache war und, dass das Alt-Irische, welches dabei notwendig zu erlernen war, nach allgemeiner Übereinstimmung die schwerste aller indoeuropäischen Sprachen ist … aber … Flowers Vertrauen in seine eigenen Fähigkeiten war gerechtfertigt.« (Bell, a.a.O., S. 362). Das Projekt wurde genehmigt und der Urlaub gewährt.

Es waren drei prall gefüllte und sein Schicksal prägende Wochen, die Flower im Juli/August 1910 erlebte. Er nahm in Dublin erfolgreich am Kurs für gegenwärtig gesprochenes Irisch teil und nahm Einsicht in irische Handschriften bei der Royal Irish Academy. Er schloss dort Freundschaften, die für sein ganzes weitere Leben von entscheidender Bedeutung waren: Der Österreicher Julius Pokorny, später (1958) Autor des *Indogermanischen Etymologischen Wörter-buchs,* sowie Herausgeber und Begründer der *Zeitschrift für celtische Philologie,* war sein Mitschüler bei Marstrander, und blieb ihm stets verbunden. Vor allem aber war es Marstrander selbst, mit dem er lebenslange Freundschaft hielt. Carl J.S. Marstrander (1883–1965), Professor für keltische Philologie an der Universität Oslo, war sogar noch etwas jünger, als sein Schüler Flower. Sie kamen sich so nahe, das Marstrander später Pate seiner ältesten Tochter wurde.[15] Marstrander war es, der ihm den entscheidenden Tipp gab, im Rahmen des Sonderurlaubs Great Blasket aufzusuchen, um dort ein »reines«, unverfälscht gesprochenes Irisch kennenzulernen.

1907 war Marstrander als einer der ersten »Fremden« auf Great Blasket gelandet, in der Erwartung, dort tatsächlich ein Irisch in seiner reinsten Form anzutreffen. Darüber gibt es eine amüsante Anekdote, die ein interessantes Licht auf diese wissenschaftliche »Annäherung« wirft, die aus einem Brief Flowers an Bell stammt, kurz vor der Fahrt nach Great Blasket: »Er kam nach Irland, nachdem er ein vierzehntägiges Studium des Mittelirischen abgeschlossen hatte, und fuhr direkt auf die Blasket Inseln in Kerry. Als er landete, sprach er den König von Blasket auf Mittelirisch an. Der König antwortete ihm darauf, Norwegisch sei eine wunderschöne Sprache, doch er, für sein Teil, verstehe davon kein einziges Wort.« – Im selben Brief schreibt Flower, Marstrander sei ein Mann, »der die Sprachen der Erde beherrscht (Sanskrit, Armenisch, Phrygisch und dergleichen). Er ist der Fürst der vergleichenden Sprachwissenschaft und mein sehr guter Freund.« (British Library, zitiert nach Andrew Prescott: »Robin Flower and Laurence Nowell«, S. 4, Anm. 9).

---

15 Das Patenamt übernahmen für die anderen Kinder ebenfalls prominente Vertreter der damaligen keltischen Philologie: Der von Flower überaus verehrte Professor W.P. Ker und Frau J.R. Green, Kuno Meyer und Richard Irvine Best.

Das erste Zeugnis von Flowers erstem Blasketbesuch ist ein Brief an Bell vom 9. August 1910, mit dem Absender: »Haus des Königs, Blascaod Mor, Dingle«. In ihm schreibt er: »Ich bin hier unversehrt im Königspalast angekommen, der aus einer wohl dimensionierten Hütte mit Lehmboden besteht, in dem es zwei kleine Besuchszimmer gibt … Von der Tür des Hauses überblickt man das Dorf: 28 ähnliche Hütten, nicht gerechnet die sich daran anschließenden, die verwegen auf der Seite eines steilen Hügels hochklettern. Sie sind überall hingesetzt, wo immer sich ein einigermaßen ebener Grund finden kann. Zu Füßen der Klippen ist der Hafen … Das ist eine winzige Kluft im Felsen und bei schlechtem Wetter fallen die Wellen so krachend herein, dass einem die Haare zu Berge stehen … Drei Meilen von der einen Seite der Insel liegt die Küste von Kerry, einige tausend Meilen von der anderen liegt Amerika, das seinen Zoll regelmäßig von der Insel fordert. Ich führe hier ein Leben wie auf *Tír na nóg* (Insel der ewigen Jugend), gehe Schwimmen, lese, fahre Boot und vor allem rede ich mit Cáit ni Catháin, der Prinzessin, die mir Irisch in großen Mengen beibringt…« (Prescott, a.a.O., S. 5).

So begann das, was sein Sohn Patrick Flower die »Liebesgeschichte« zwischen ihm, den Blaskets und seinen Menschen genannt hat. Welch eine große Rolle das in seinem weiteren Leben bis zuletzt spielte, hat James H. Delargy (Séamus Ó Duilearga), der große alte Mann der irischen Folklore, in seinem Nachruf auf Radio Eireann überliefert:

»In meiner letzten Unterhaltung mit ihm, sprach er mit Beseeltheit über seinen ersten Besuch auf Great Blasket 1910. Er sagte, in seinem Buch ›Die Westliche Insel‹ habe er versucht, den Menschen der Insel seinen Dank abzustatten: An Tomás Ó Criomthain, an Peig Sayers, an Gobnait Ní Chinnéide und an viele andere, Lebende wie Tote, deren Freundschaft sein ganzes Leben habe farbig werden lassen und seine Wissenschaft reicher und warmherziger gemacht habe. Seine Erinnerung ging zurück zu den Tagen seiner

Jugend, zu Inselnächten mit Geschichtenerzählen und Tagen auf dem Bergabhang oder Fahrten im *naomhóg,* über das sommerliche Meer nach *Dúnchaoín* oder *Inis Icíleáin* eilend. Diese glücklichen Stunden hatte er in ein goldenes Gewebe wehmütiger Erinnerung eingeschlossen, die bei ihm blieb bis zuletzt.« (Séamus Ó Duilearga: »In Memoriam«, Raidió Éireann, 18. Januar 1946, abgedruckt in Flower »The Irish Tradition«).

Schon 1911 folgte die nächste Reise nach Great Blasket: Die Hochzeitsreise mit seiner Frau Ida, die er am Anfang dieses Jahres geheiratet hatte. Etwa 10 Jahre später, als alle vier Kinder geboren waren, schreibt Flower rückblickend auf diese Reise sein Gedicht

Heirat (Aus: »Poems and Translations«, S. 129)

Nun sind wir jünger noch und glücklicher als an dem Tag
Als Du und ich und unsre Liebe alleine weit und breit
Das Lachen und die Traurigkeit der Welt erstorben lag
Da wir verzückt und köstlich in Eintönigkeit
Gelebt, gekämpft, nicht ohne Lied in diesem Streben
Erlebt das Gute und das Böse und auch anderes Geschick
Sind wir noch jünger, als das aus uns geborne Leben
Noch glücklicher, als dieses Kinderlachens Glück
Das Leben gab als Schenkung dieses Wissen für uns frei
Um Gleichklang trotz Verschiedenheit und jenen Zug
Nicht auflösbarer Heiterkeit: Welch eine Gabe für uns zwei
Zwei Seelen, die ganz unterschiedlich strahlen
Nicht verschmolzen in Langeweile, weil dieses schließlich
*   zu bewahren:*
Dies Du und Ich, nicht weniger als Ich und Du

»Verzückt und köstlich in Eintönigkeit…« Flower hat wohl kein Jahr ausgelassen, an dem er nicht den Urlaub, dann auch mit seiner Familie, auf Great Blasket verbrachte. Was war es, das ihn so anzog und ihn dieses Erlebnis immer wieder suchen ließ? Es ist wohl in der Hauptsache der völlige Gegensatz zu seiner Schreibtischarbeit im British Museum gewesen, wie Irene Lucchitti richtig vermutet: »Jede Reise, die er auf einem der kleinen Inselboote unternahm, führte ihn in eine Welt, wo er unter einem anderen Namen bekannt war, wo eine Sprache, die nichts mit seiner Muttersprache zu tun hatte, gesprochen wurde und, wo sein Tun keinerlei Ähnlichkeit mit seinen Tagen im British Museum hatte.« (Lucchitti, a.a.O., S. 151).

Die »Liebesgeschichte« beruhte ganz und gar auf Gegenseitigkeit. Es gibt eine Fülle von Aussagen, die mündlich oder schriftlich abgegeben, die große Zuneigung dokumentieren, die Flower in der Inselgemeinschaft entgegengebracht wurde. Ehe er zum allseits verehrten »Dr. *Blaheen*« wurde, trug er anfangs noch den etwas respektloseren Spitznamen *An garsúinín an bhainne* – der kleine Milchjunge – weil er sich für seinen Tee täglich Milch von einem Nachbarn besorgte. Der Respekt aber kam bald hinzu, weil Flower sich von Anfang an nicht scheute, auch bei härtester Arbeit mit anzufassen und den Inselbewohnern bei ihren täglichen Verrichtungen zur Hand zu gehen. Die Zuschauerrolle lag ihm nicht, wie sie vor ihm der Dichter John M. Synge in seinem ansonsten sehr lesenswerten Bericht über Great Blasket (»In Wicklow, West Kerry & Connemara«, S. 37 ff.) eingenommen hatte. Im Verlaufe seines Lebens wurden ihm die Blaskets zunehmend zur zweiten, wenn nicht sogar zur eigentlichen Heimat. Wer die Fotos von Flower betrachtet (siehe S. 187 ff.), kann auch die physiognomische Veränderung in seinen Gesichtszügen wahrnehmen: Es gibt ein Bild, auf dem er in einer typischen Wohnküche Great Blaskets, zusammen mit dem Studenten Kenneth Jackson und den Gastgeberinnen, vor dem Herdfeuer sitzt. (Siehe das Foto auf Seite 191: »Einheimisch geworden«). Auf diesem Bild von 1930, als er schon fast fünfzig Jahre alt ist, hat er alles »Professorale« und den Habitus des Gelehrten verloren und sieht aus wie ein alteingesessener Inselbewohner.

Micheál Ó Guiheen, der Sohn der in ganz Irland berühmten Geschichtenerzählerin Peig Sayers, beschreibt in seinen Blasket-Erinnerungen die Stellung und die Wertschätzung, die Flower auf der Insel besaß:

»In jenen Tagen pflegten eine Menge Fremder die Insel von Zeit zu Zeit zu besuchen. Unter ihnen war Doktor ›Blahín‹, ein leicht zugänglicher Mann, und auch ein Mann mit großem Herzen. Es gab kein Familienoberhaupt im Dorfe, das von ihm nicht ein Geldgeschenk erhielt, wenn er wieder nach Hause fuhr. Er kam zu uns nie mit leeren Händen – möge ihm dafür Glück beschieden sein! – und das Erstaunliche war es, dass dieser Mann, der aus der großen Stadt London herüber gekommen war, keinen englischen Krampf auf seiner Zunge hatte. Das aber konnte man von unseren eigenen Leuten, die zu uns aus den großen Städten Irlands kamen, nicht behaupten.« (Micheál Ó Guiheen: »A Pity Youth Does Not Last«, S. 79) Diese Beschreibung erscheint unter der Kapitelüberschrift »The Strangers on the Island«. In der Tat war Great Blasket im ersten Drittel des 20. Jahrhunderts der Tummel- und Übungsplatz zahlreicher Besucher, die hier ein Feld suchten, um an so exponiertem Ort Bestätigung für ihre mehr oder weniger wissenschaftlichen ethnologischen Thesen zu bekommen. Flower ironisiert das fast unmerklich, wenn er in »Die Westliche Insel«, im Kapitel »Ein Parlament des Bergabhangs«, Marstranders angeblichen Runensteinfund im Rahmen einer Inselunterhaltung anzweifelt (»Die Westliche Insel«, S. 40). Flowers Dubliner Mitschüler Pokorny wollte sogar Eskimo-Besiedlung im vorkeltischen Irland geltend machen…

Gegen diesen wissenschaftlichen und kulturpolitischen Tourismus hebt sich Flowers Annäherung an die Insel wohltuend ab. Er will nicht nur sammeln und (Folklore) übernehmen, sondern auch sich selbst voll und ganz einbringen. Zeugen jener Zeit erzählten, dass er es war, der ihnen in die Isolation der Insel die Nachrichten von der übrigen Welt brachte. Eine Frau vertraute einem Interviewer an: »Ich hätte Bláithin Dinge gestanden, die ich keinem Priester je gebeichtet hätte«. Er selbst schreibt an einen Freund in Dublin: »Ich vergnüge mich hier ganz wunderbar und meiner Vorstellung nach gibt es keinen vergleichbaren Ort auf der Welt ... die Leute sind unglaublich gut zu mir.« – Insgesamt mag man sich Irene Lucchittis Urteil voll und ganz anschließen: »Er errang ein Inselleben und eine ganz eigene Insel-Identität ... Er durchlebte ganz eigene Inselerfahrungen und seine eigenen Geschichten wurden Teil des insularen Überlieferungsgutes. Seine Familie wurde in das Leben der Blaskets einbezogen. Er wurde jener Gemeinschaft teilhaftig, die als ›klagende Gesellschaft‹ über den Tod des Königs und Tomás trauert, wie über eine alte, zu Ende gehende Welt« (Lucchitti, a.a.O., S. 160).

Seine zweifellos wichtigste und folgenreichste Begegnung auf Great Blasket war die mit Tomás Ó Criomthain (in seiner Schreibweise: Tomás Ò Crithin. Eingebürgert hat sich das anglisierende Tomás Ó Crohan). In »Die Westliche Insel« beschreibt Flower am Ende des Kapitels »Überfahrt« seine Wiederbegegnung mit Tomás als ein Heimkehren. Wie eine Illustration zu Walter Benjamins »Aura«-Begriff, als »einmalige Erscheinung einer Ferne, so nah sie auch sein mag«, vermag er die Person des Tomás vor einem erstehen zu lassen: »...dann kommt über dich das plötzliche Gefühl von neuer Präsenz im Raum. Du blickst auf und siehst eine schmächtige aber selbstsichere Figur, die an der Wand lehnt mit der Aura eines Wesens, das sich magisch aus dem Nichts heraus materialisiert hat. Das Gesicht nimmt deine Aufmerksamkeit sofort für sich ein und hält sie fest. Das Gesicht ist dunkel und dünn und aus ihm schauen zwei schnelle und lebendige Augen heraus, lebhafte Zeugnisse einer feinen und selbstgenügsamen Intelligenz. Er kommt auf dich zu und heißt dich willkommen, mit ernster und liebenswürdiger Intonation und gewählter und fließender Sprache. Du bist tatsächlich nach Hause gekommen. Denn dies ist Tomás Ó Crithin, der Poet und Geschichtenerzähler der Insel.«

Ein Poet und Geschichtenerzähler, der Weltruhm errang und die Insel Great Blasket auf allen Kontinenten der Erde bekannt machte – bis hin nach Wollongong in Australien, wo Irene Lucchitti eine Doktorarbeit schrieb, deren eigentlicher Held Tomás Ò Criomthain ist.

Doch dies ist vor allem das Verdienst von Robin Flower. Denn er war es, der 1929 Tomás' Beitrag zur Weltliteratur »An tOileánach« aus dem Irischen ins Englische übersetzte und diesen unbekannten Zipfel am Rande der bewohnten Welt in »*The Islandman*« unsterblich machte.

Annemarie und Heinrich Böll schufen mit ihrer Übersetzung aus Flowers Text, unter dem einprägsamen Titel »*Die Boote fahren nicht mehr aus*« einen deutschsprachigen Evergreen, der sich immer noch bestens verkauft und Scharen deutsche Literaturtouristen ins »*Blasket Heritage Centre*« in Dunquin treibt, dem der Insel vorgelagerten Festlandsort. Oder ins »*An Café Lithearta*« (»Literaturcafé«) in Dingle, dem geschäftigen Hauptort der danach benannten Halbinsel.

Darum war es notwendig, Flowers bisher relativ unbeachtetem Werk »The Western Island« eine deutsche Übersetzung zu geben. Denn hier spricht ein Zeitzeuge, ein genuiner Beobachter, ein Literaturwissenschaftler, ein Sammler und Ethnologe – und nicht zuletzt ein kongenialer Dichter, dessen Gedichte von unvergleichlicher Ursprünglichkeit und Wahrhaftigkeit durchdrungen sind.

Jedes Kapitel ist ein in sich geschlossenes Kunstwerk, das einzigartige historische Einsicht und Aussicht enthält. Ein Lernkapitel in bester Ethnologie und fast anfassbarer Literaturgeschichte. Jedes für sich zu lesen. Langsam, damit es sich wirklich enthüllt. Vom gemächlich dahintrödelnden Bummelzug von Tralee nach Dingle, bis hin zur kalten Sternennacht des Betrachters, der – die Insel überblickend – vernünftig und dennoch fasziniert über das Existenzrecht von Elfen sinniert.

Das für mich bedeutendste Kapitel ist »*Inisicileáin*«. Das ist die entlegenste Insel der Blasket-Gruppe, die anglisiert heute »Inishvickillane« genannt, dem ehemaligen irischen Premierminister Charles Haughey gehört (inzwischen verstorben).

Dort hat Flower die Entstehung von »*port na bpúcaí*« erzählt. Wie dieser einzigartige und fremdartige Musikklang, auf einer so gut wie unbewohnten Insel, durch einen Angehörigen der Daly-Familie mythisch entstand. Er kommentiert es lyrisch: »Dass Elfenmusik, gespielt auf einer Inselgeige, eine Klage um eine ganze Welt von Einbildungskraft ist, die unwiderruflich einen Bann behält, der sich im Nachglühen einer versunkenen Sonne schwach sichtbar erhält.«

Der Gräzist George Thomson, der auf Great Blasket sein Ithaka fand, und neben Flower der wohl bedeutendste Gast der Insel war (dessen Buch »Island Home – The Blasket Heritage« ebenfalls der deutschen Übersetzung harrt) schrieb: »Keine der alten Geschichten wurde von den Inselbewohnern mehr geschätzt als ›*Das Lied des Oisín im Land der Jugend*‹. Dieses Land lag ihrer Meinung nach weit draußen auf dem Meer, jenseits von Inisicileáin, der herrlichsten und mystischten aller Blasketinseln. Die alten Leute sagten, sie sei bis heute verzaubert. Und in der Tat gab es da eine Melodie, ›*Port na bPúcaí*‹, die man von Elfen vor hunderten von Jahren erlernt hatte.«

Der Literaturnobelpreisträger Seamus Heaney hat in seinem Gedicht *The Given Note* dieser Musik ein Denkmal gesetzt (In *Door to the Dark* 1969; hier in meiner Übertragung):

Der Eingegebene Klang

Im äußersten Westen der Blaskets
In einer Hütte aus unbehauenem Stein
Empfing er die Melodie aus der Nacht.

Seltsame Laute waren zu hören
Denen andere folgten, stückweise Tonfolgen
Kamen an bei lautstarkem Wetter
Nicht ähnlich je gehörtem Klang.
Er bezichtigte ihre Finger und Ohren
Ungeübt und ihr Fiedeln leichtfertig zu sein.
Denn allein war er auf die Insel gegangen
Und hatte das ganze Ding mitgebracht.
Das Haus bebte wie seine volltönende Geige.
Ob er es bezeichnet als Geistermusik
Oder nicht, macht nichts aus. Er empfing sie
Aus dem Wind des mittleren Atlantik.
Obwohl er darauf besteht: von nirgendwo her.
Gemessen löst sich der Klang vom Bogen
Gibt sich dann wieder den Lüften anheim.

Diese »Geister-Musik« gibt es noch heute, obwohl niemand mehr auf Great Blasket, der Westlichen Insel, wohnt. Noch immer ist es die Sippe der inzwischen auf dem Festland lebenden Dalys, die alleine für sich beanspruchen darf, sie wirklich authentisch zu spielen (»Beauty an Oileáin – Music and Songs of the Blasket Islands« – Claddagh Records, Dublin, 1992). Was Ernst Bloch »Aufkläricht« nannte, als Zerstörung der gewachsenen Überlieferung, wird in Flowers Kommentar wie zu einer Erläuterung dieses Begriffs: »Wie leicht kann man daran glauben, dass … die ganze Elfenrasse, die einst zu den Träumen gehörte, die noch wirklicher als lebende Menschen waren, sich zur Totenbestattung geflüchtet hatte, als die kalten Wahrheiten des Verstandes ihre Zerbrechlichkeit grell beleuchtet und sie sogar vom Licht des Mondes vertrieben hatte.«

So ist »*Port na bPúcaí*« ein Zauberlied gewesen einer schon untergegangenen Welt und Gesellschaft, die es nie wieder geben wird. Oder doch?

2007, in einem heißen Frühling, hörte ich mit meiner Frau während eines Restaurantbesuchs im marokkanischen Tanger Berbermusik, gespielt von einem weißgewandeten Quartett. Keiner hörte wirklich zu. Plötzlich vernahmen wir, in gleicher Weise elektrisiert, Klänge wie aus »Port na bPúcaí«: Fremdartig sich hochwindend und senkend wie Sphärenklang. Ob »das dunkle Volk«, wie Flower es nannte, mit solchen Tönen einst von hierher nach Irland gekommen war – auf welchen Wegen auch immer?

Da tauchten vor mir die »hellen Wohnungen« auf, mit ihren rätselhaften Bewohnern aus unausdenkbarer Zeit, der Erzengel Michael auf seiner atlantikumtosten Pyramideninsel Skellig Michael, der Dichter und Kämpfer Pierce Ferriter in seiner Höhle, die geschlagene Armada im Blasketsund, die armen Kaninchen auf *Inisícileáin* und die vielen Dichter und Geschichtenerzähler, wie es sie wohl in dieser Dichte an keinem Ort der Welt sonst gegeben hat, so wie es es *Tomás* zu Flower sagt (Die Westliche Insel, S. 27): »Das Land war voll bis zur Neige von Liedern und Geschichten und, wenn sich nichts ereignete, vom Aufstehen am Morgen bis zum Niederlegen am Abend, man würde dennoch einen Dichter treffen, einen Mann oder eine Frau, die Lieder machten über alles, was gerade geschah.«

Und zu den mittelalterlichen »Goliarden«, den ketzerischen fahrenden Leuten und ihrer Mär, gesellt sich Robin Flower, mit seinem Bericht über eine Insel, deren Bewohner – wie *Tomás* gesagt hat – es zwar nie wieder geben wird, die aber im »Steinbruch menschlicher Überlieferungen« (George Thomson) einen ganz einzig-artigen Platz einnehmen und behalten werden.

Jörn Wilhelm

BILDERANHANG

Liste der Illustrationen

d.h. der Radierungen von *Ida M. Flower* aus dem Jahr 1910

Fotos mit Robin Flower

freundlicherweise zur Verfügung gestellt
vom *Blasket Heritage Centre* Dunquin

Der lesehungrige Student

Schwerstarbeit an der Mole (1910)
Rechts Tomás Ó Crohan, Bildmitte Robin Flower

Schüler und Lehrmeister des Gälischen
Flower und Tomás vor dessen Haus

Der Wissenschaftler
Robin Flower als »Keeper« des British Museum

Einheimisch geworden
Im Haus von Máire Ó Guiheen
Links der Keltizist Kenneth Jackson
In den 1930er Jahren

Letzter Besuch auf Great Blasket
vor seinem Tod 1945